「戦争法学」事始め

清原雅彦　著

須藤純正　寄稿

「戦争法学」事始め　目次

戦争法学　各論

＊本書は、序章及び「戦争法学　総論全般～各論　第5章　新しい兵器について」までを清原雅彦が執筆し、「戦争法学　各論　第6章　国際刑事裁判所」を須藤純正が寄稿しました。

序章

戦争法学として想定していること、その必要性

これまで法律学者は「戦争」や「武力紛争」について、その戦争に参加させられる個人の財産や権利について、そこに法律があり、それを適用すればどうなるだろうか、という視点から研究し議論して来なかったのではないだろうか。

これまでの戦争法は、国家と国家の間の問題であることから、もっぱら国際法の次元で論じられてきた。

具体的には戦争法は、これまで戦争をする場合の国家の権利、交戦権や戦争開始の要件といったことから自衛のための戦争といったこと、また、戦勝国の権利や占領した領土に対する権利、といったことについて論じてきた。

それは、国家という視点からのものであり、戦争に参加させられる、あるいは巻き込まれ

る個人の観点を忘れた、いわゆる上から目線の法律論である。そのような法律論の中では、戦争に巻き込まれる個人、兵士や一般市民の権利という観点で法律の適用が論じられることはなかったと思うのである。

裁判などによって法が守られているという法治国家、そのように法律の支配が確立し安定した社会での民法や刑法の理論は、これまで人類の長い歴史の中で法律学として一定の水準に達している。然し、いったん「戦争」や「武力紛争」が起き、混乱した状態が生じたらその中に法秩序をもたらそうとして法の杭を打ち立てることは困難極まることである。従ってそのような場面で法の適用を目指し、実現しようとする試みは、成果を見通せないし、一見して無理であろうというためらいがあったのではないか、と思われる。また戦争は国家と国家の問題であり、国際法学者に委ねられたものとして遠ざけられてきたのかも知れない。

私のような「平和を願う法律家」という立場から見ると、法律家がこれまで戦争に対して研究のメスを入れることがなかったのは、一種の怠慢ではないかと疑うのである。そして法の力、法理論の力で「戦争」や「武力紛争」を防止しようと目論み、世界平和をもたらす努力をするのは平和を目指す法学徒の責務ではないか、法律学者全員の責務ではないか、とも思うのである。大きな困難は予想されるが、それでもその困難に立ち向かう勇気を持とう、という呼び掛けがこの書の目的である。

戦争なのだから何をしてもよい、戦争なのだから何をしても許される、ということが戦争を遂行する者の心底にあるとすれば、そのような考えは人権が重んぜられる現代社会において到底許されるものではない、ということを武力を用いる者に対し告げ、また明らかにするべきではないか。いつの世も「戦争をしたがるのは、権力者であり、そのために苦しむのは常に国民、市民という一般人である」というのが私の考えの基本にある。

戦争やその危機に直面すると、為政者は「非常事態」という理由で、平時に認められていた諸権利を制限する特別な権限を手にしたがる。例えば、米軍基地の米兵や軍属の特権も、命がけで日本を守るのだから、という意識による特権ではないだろうか。そのようなことが野放しになっていないか、それを制限する法理はなくてよいのか、制限する法理を要するとすれば、それはどのような法理であるべきか、その研究が必要だと思うのである。

このようにして私は法律学者らに、一般市民・国民の視点を重視する「戦争法学」という学問分野の成立展開を求めて提言することに思い至ったのである。

前述のようにその意図するもの、その目標は高く深くかつ膨大であり、浅学非才の私如き者には到底その力の及ばぬことではあるが、その乏しい能力の許す限りにおいて、以下少し「戦争法学」のテーマとして考えられるものを取り上げ、若干の考察も加え、読者に「戦争法学」が法律学の一分野として取り組むべき必要性と価値があるものだ、という思いを強めて頂きたいと思う。

なお、「戦争法」「戦争法学」といった呼称、用語は、あまりにも過激ではないか、という気がしないわけではない。そして、むしろ「平和学」「平和法学」とする方がよいのではないか、ということも考えてみた。然し、「戦争法」「戦争法学」という呼称の方がストレートで、内容に即していて、かつ強烈なインパクトを与えるものとして、この名を選ぶことにしたのである。あくまで「戦争」をするための法ではなく平和を求めるための「戦争法学」である。

また「戦争法学」という用語は私が初めて用いるものでないことも断っておかねばならない。例えば昭和四十八年刊行の田岡良一教授の『国際法Ⅲ（新版）』（有斐閣法律学全集３３０頁以下）にも「戦争法」の歴史等が述べられ「戦争法」の語が用いられている。

然し、問題は用語ではなく内容である。前掲書のそれはあくまで国際法という視点、国家対国家の視点に立つ「戦争法」である。私が提唱するのは、庶民国民レベル即ち戦争に巻き込まれる「国民視点での戦争法」なのである。

戦争法学　総論

第1章　戦争概論

1、戦争をどう定義するか

戦争法の議論を始めるためには、まず「戦争」とは何かについて論じなければならない。ただ、戦争とは何か、といった定義を完璧に遺漏なく、矛盾もなく定義することは極めて難しい。

一つ目の要素は、ある国の軍事組織が他の国の軍事組織との間で相互に武力攻撃をすることである。これは現象面に着目する見方である。

その武力行使（軍隊の活動）は敵を敗北させ自らは勝利するために行われる。勝利とは、敵を攻め滅ぼすか降伏させることである。

次の要素は地域の問題である。それは他の国が統治する、または主権を及ぼしている地域に対して、ある国がその他の国の統治を実力（武力）で排除しようとする武力攻撃をし、他の国はそれを防ごうとして交戦する現象であり、地域で主権の及ぼす範囲を武力で争奪し合う行為が戦争である。そのため、戦勝が敵国の統治権奪取を最終目的とするため、敵国が統治する領土の占領は戦勝国にとり必須となる。

更に戦争の目的も考慮に入れる必要がある。即ち、イデオロギー戦争の場合は、自国と相容れないイデオロギーの国を相手国としてその政府を滅亡させ、または崩壊させることを目的とする武力攻撃である。憲法学者である長谷部教授によれば、そのイデオロギーは憲法に規定されているので、相手国の憲法を戦勝国のイデオロギーに合う憲法に変えさせるための武力攻撃である。それが達成されることが勝利であり、それによって戦争も終わると説かれているが、そのような見方もある。然し物事はそれ程単純化されず、様々な要因目的、特に宗教や民族や天然資源や歴史的葛藤も原因や目的として同時にまた複合的に立ち現れるのである。

そのような目的が複雑にからみ合う戦争は、武力攻撃がなされる一方で和平交渉の駆け引きが同時にまたは表裏で進行する場合もある（例えば、有利な和睦を目指して、部分的、威嚇的に武力攻撃をするような事例もある）ので、ある事象を一定の型にはめて戦争と決めることが困難なこともある。

２、軍隊組織

戦争は軍隊という国家組織どうしの闘い（攻撃、防禦《ぼうぎょ》）である。

その要素としてまず静的状態における軍隊を考える。その中では、軍隊の成立や組成、即ち国民が軍隊の中に組み込まれていくという組織論が論じられることになる。

国が軍隊を組成するとして、その際、徴兵制か志願兵制か傭兵制の何れを採るかとの問題が出てくる。

歴史的に見ると西欧でも日本でも騎士や武士といった社会の上層部支配層が軍人として国を守る名誉ある地位に就き戦斗員となる、といった時代があった。やがてそういった階級と軍人が結び付いていた時代は移り、国民国家が成立し、国家を組成する単位である国民一人一人に国家の構成員たることに基づく当然の義務、即ち国民として国を守るのは当然の義務であるとの認識から徴兵制が当然視される時代が到来した。現在日本でも国民は当然国を守る義務がある、と主張する学者が居る。情緒的に右寄りの姿勢からそのように声高に言うことに対しては論理を以ってしては対応できない。けれども、国の構成員として当然の国防義務があり、それが徴兵制に結び付くという理論に対しては、それが正しくないとの論がどうあるべきか冷静に検討すべきことである。国の徴兵権容認論者に対する私の反論は、次の二点に根拠を持つ。

その一は、徴兵権容認論者は、誤った先入観に捉われているという点である。敵が武力で攻めて来たら武力で守るしか方法はないではないか。あるなら対案を示せ。というのが容認論者の主張である。

敵が理由もなく武力で攻めて来るという考えは現実的な想像ではない。そのような攻撃は十分事前に予想できるし、その攻撃を事前に防止する外交手段がとられる余地も十分ありうる。が、そのことは措くとしても、もし武力攻撃が行われたら、武力で撃退して国を守る以外に本当に方法はないという前提に誤りはないだろうか。武力攻撃がなされても不服従（非暴力）という抵抗手段は残されている、と私は考えている。そしてそれが最も有効な抵抗手段である。この手段での抵抗は敗けることはないのである。それでは敵国の蹂躙に、なすがままにされてしまうではないか、と思うかも知れない。然し、仮にそうであってもそれは一時の屈辱にすぎない。不服従の国民を統治することは極めて困難なことである、ガンジーの非暴力・不服従の抵抗に学ぶべきだと思う。

そんな不戦敗の考え方はいやだ、という勇ましい論者に対して言いたいのは、武力で抵抗したとしても敗けることは十分あるし、敗ければ無抵抗で不服従を貫いた場合より厳しい蹂躪にさらされ、より酷い結果になるし、敗戦に至るまでにどれ程の死者が出ることか。不服従の抵抗に比し、遥かに多数（何百万人単位）の犠牲者が出るであろう。先のアジア太平洋戦争（以下、太平洋戦争と略す）での死者は日本人だけでも三一〇万人と言われている。これに対し不服従の抵抗により死者が出るとしても、それはせいぜい見せしめのための犠牲者であり、何万人という単位になることは考えられない。

私のように非暴力・不服従の抵抗を説く者は、非現実的楽観主義的と非難される。然し、核戦争を想定した場合、それを防禦する能力を備えることは殆ど不可能と思われるので、それを武力で防げると考える再軍備論者の方が、より非現実的かつ楽観主義的と思えるのである。

寺島俊穂教授は『戦争をなくすための平和学』（法律文化社）１１７頁以下において、

戦略的非暴力の理論家としてジーン・シャープの理論を紹介しているが、それは非暴力の抵抗の具体的展開を述べていて、極めて具体的かつ現実的である。

付随的に述べるが、国境を越えて来る侵入者に対しては、軍隊ではなく警察力で対応すべきではないか、とする説もある。その説によれば現代の国際社会での武力紛争は先進国間のそれではなく、当事者も地域も後進国で、しかも小規模なものになっていることに着目するものである（豊下楢彦・古関彰一著『集団的自衛権と安全保障』岩波新書　２２１～２２７頁）。

例えば、尖閣諸島への進入者を阻止するのに、軍隊を出動させ戦争を引き起こす必要はなく、警察力の行使で足りる筈である。警察は戦争をしない組織であることに注目した優れた意見である。

その二は、日本が仮に防衛力を持つとして、例えばアメリカが攻撃して来たらそれにも耐えうる防衛力を持とうとするのか、ということである。それは不可能であろうから、アメリカが攻めて来たら敗けるしかないではないか。ここで私が言いたいのは、防衛戦争をしたがる論者は、アメリカは攻めて来ない、と勝手に決めているということである。それは非論理的である。アメリカが日本を攻めて来ることは永久にない、という前提はありえないのであって、それは狭い視野とそれに基づく独善である。もっと広く長い視野で日本の将来を見据えた議論をすべきである。

蛇足ながら、日本国憲法は戦争放棄及び戦力不保持を定めているので、現時点では誰の眼にも徴兵制を採れない国であることは明らかである。

徴兵制を採ることは理論上無理があるとしても、現憲法下ではせいぜい外国人の自衛隊員を（法を改正して）持てる余地はあるかも知れない。ただし、自衛隊は軍隊でないし、戦力でもない、としての話である。即ち、傭兵である。

現代社会でも傭兵は存在している。ネパールのグルカ兵やイスラム諸国でも王族が傭兵を持っていることは知られている。

それら戦闘のために傭兵となり、死と隣り合わせの戦場に赴く人々のことはもっと詳しく知られねばならない。誰しも危険な仕事に就きたくない筈なのに、何故雇われるかということがある。何と言っても働いて収入を得る途が他にないこと、即ち傭兵になる者が居るのは貧困が原因である。やむを得ず「食うため」に生命を掛けているのである。ということは、貧困という格差をなくすことが戦争や武力紛争をなくすことにつながるのである。傭兵の給与を始めとする労働協約も法的に研究が進められなければならない。

堤未果著『ルポ 貧困大国アメリカ』（岩波新書）には、アメリカでは自発的入隊者の不足を補うための様々な政策、例えば不法移民が強制送還を免れるため、それまでは入隊と引き換えに市民権取得の手続きを始められるのは合法な移民に限られていたのだが、二〇〇二年に移民法を改正して、ビザを持っていない不法移民にもそのチャンスが与えられるようになった。その結果毎年約八〇〇〇人の非アメリカ市民が市民権獲得と引き換えに入隊している、ということがレポートされている。

また、貧しい地域の高校生が大学進学の夢をかなえるのと引き換えに国防総省が負担する、入隊すれば医療保険に入れるなどの甘い誘いを用いた勧誘がなされているが、実際に支給される学費は諸々の差引きで不十分な額であり、入隊しても思ったようなよい条件ではなく、結局入隊はしたけれど、それは甘い餌に釣られた結果だった、ということもレポートされている。他にも戦地へ行くと知らされず、輸送業務をするだけで高賃金が得られると思って就職した民間会社が実はクウェートやイラク戦争で戦場に物資を輸送する軍事的業務を行っており、その業務のため戦地へ送られ過酷な環境で働かされた、という事例も述べられている。これらのことは兵士もまた貧困に乗じて集められ、貧困であるがため、生命の危険にも甘んじて身を晒すという現実があり、それは経済格差のもたらす弊害である。ということ並びに、そのようにして集められた兵士や用員の人権が重大な侵害を受け易い環境下にあるわけである。そしてそこに法の力を及ぼす必要がある、ということである。以上に挙げた例を見ると、入隊させられたり運送要員として戦地に送られたりした者達は、法による救済を求める手段や余地は極めて少ない環境にあった。

3、軍事行動（軍隊の活動）

戦争する軍隊の行動、即ち軍事行動は一定の目的のための作戦に基づくものである。そこには作戦を立てることと、それを命令という形で実際に行動により実現させるという二面がある。組織的には軍隊組織とそれを動かす作戦部門があることになる。日本軍の行った太平洋戦争では元帥など最高司令官を頂く軍隊組織があり、それが身体であり手足であるというものにあたるとすれば、頭脳にあたる手足を動かす作戦本部、参謀本部や軍令部があったのである。組織的に各国の軍隊は同じではないとしても、頭脳にあたる組織と行動を担う手足たる軍隊組織という役割分担はどの軍隊にもあるであろうと思われる。

そこでの問題は作戦を立てる際の兵士に対する人権的配慮である。

ある作戦に従事させる兵員に対してはできる限り生命を危険に晒すことなく、衣服や食糧を確保し、また宿泊や休養、衛生面の配慮等も十分に作戦計画に織り込むといった配慮義務がある、としなければならない。

太平洋戦争においては、南方に展開する軍に対して食糧は現地調達、補給なしといった作戦であったようである。これは兵士が餓死したり、現地民が略奪されたりすることを前提としたものである。このような作戦を立案する参謀達には人権尊重、人権意識が全く欠如していたと認めざるをえず、意識の改善が必要である。そして、そういった作戦の中においても人権は尊重するべきであるとの価値観を守らせるための刑罰法規や軍隊組織法や作戦上守るべき規程も定めておく必要がある、とも考える。また、参謀の人選や軍隊教育にあたってもそのような欠陥のある人間は指揮官や作戦参謀としては不適切であるとの認識を共有したい。

前記の如き配慮義務は、当然軍事行動を現地で指揮する指揮官にも求められる。即ち、兵士の人権が著しく軽視されるような作戦命令に従わず、兵員の生命身体を守る行動をとるべき義務（抵抗権）を負わせるべきである。

このような配慮義務とその違反に対しては戦争終了後の戦犯裁判などにおいて（日本でいうと東京裁判やＢＣ級戦犯の裁判などで）問擬されなければならない。

第２章　開戦と終戦

1、開戦

戦争は国家対国家の武力闘争（攻撃と防衛）即ち武力による相手国家の打倒を目的とするものであり、かつては国の政策として遂行される政策の選択肢の一つであるとの理解もあったが、一九二八年パリ不戦条約（ケロッグブリアン条約の名もある）の締結によりその考えは否定されるに至っている。

つまり、その条約では戦争は全て違法である。ただし例外として自衛のための戦争は許されるとしたため、全体としては骨抜きになったのではあるが、政策として戦争を遂行するという選択をすることは許されないということになった。

戦争は開始されるとき国際法上宣戦布告がなされなければならないことになっているが、先制攻撃を重視する現代の戦争ではそれが守られることは少ないし、期待もできない。太平洋戦争の時代では、宣戦布告がなされない場合戦勝国に賠償請求権はない、という理論が通用していた。そのため「開戦」という用語を避け、満州「事変」といった表現をとったとも言われるが、先に述べた宣戦布告理論は、もはや現代には生きていないかも知れない。また、それがなされないことによる責任の追求も単なる非難を除けば、不遵守への実効性ある制裁は誰も問題にすることはない。例えば違法性が強い開戦だからそれに応じ賠償額を高額にするといった形にはならないのである。

2、終戦

では終戦はどうか。一つの形としてはナチスドイツのように政府の崩壊、消滅の例もあるが日本のように国家の敗戦による統治権喪失または戦勝国の統治に服するとの意思表示（ポツダム宣言受諾）による場合もある。即ちこれは終戦とそれに伴う政府の敗戦による統治権が戦勝国の主権に服するとの合意（ないしは統治権の譲渡）の成立ということもある。ただし、統治権は国民の付託したものだから譲渡性は認められるかの問題はあろう。ただ日本の場合、圧倒的多数の国民がそれを受け容れたので、これは少なくとも追認した、と言えるであろう。

要約すると、戦争は開戦と終戦の意思表示によって成り立つもので、開戦は宣戦布告という明示の意思表示か先制攻撃開始という事実行為を通じての黙示の意思表示によって開始される。一方戦争の終結はその合意によるか、抵抗する勢力または組織が消滅したことにより事実上終結する形をとる。

その後の統治権は戦勝国に移る。その法的な意味は、太平洋戦争の終結はポツダム宣言の受諾という意思表示によりなされたが、それは合意による「統治権の移転」と解すべきものであり、抵抗する勢力または組織の消滅の場合、即ち事実上の制圧は、戦勝国による統治権の奪取ということになろうか。

東京裁判でインド代表を務めたパール判事も「戦勝国は敗戦国の主権を制限し占領政策を行使する主体として存在するにすぎず、主権者そのものになったのではない」と説いている（中島岳志著『パール判事 ―東京裁判批判と絶対平和主義』白水社　１１８頁）。主権と統治権を分ける考え方である。

ついでに戦勝国は、いつまでも統治権を保つことはできないとして敗戦国との間で講和条約を締結して統治権を敗戦国に返還することがある。その場合、敗戦国には条約締結の当事者能力を具備した政府が存在する必要があるが、それは敗戦国の国民を代表するものとしてふさわしく選出された代表者の組織する政府でなければならない。

他方、戦勝国は占領した領土を自国のものとして領有し続けることもある。この場合領土の返還の法理、即ち如何なる場合に返還義務があると認められるのかという領土帰属に関する法理論が論じられなければならない。将来的にはそれを裁く裁判所も設置されるべきである。現在のものと異なり、当事者の裁判拒否が許されない形で。

例えば太平洋戦争で米国は沖縄を地上戦で制圧占有した。戦後、米国は沖縄に対する主権を日本に返還した後も、日米安保条約や地位協定などを締結してその地を基地とし、日本に返還していない。日米安保条約の交渉や地位協定が成立する過程で数々の合意と秘密協定が締結された事実を見る限り、これは実質的には占領の継続と評価することも可能であろう。

また、ソ連が占領した北方四島の領土問題は未解決だが、その占領はソ連に領土権を取得させる根拠となしえるのか、といった問題も法的に検討研究がなされるべきである。特にパリ不戦条約が侵略戦争を違法としたこととの関係での整合性を考究することは、法律論として重要な研究課題ではないだろうか。詳しく述べるならば、パリ不戦条約上侵略戦争は違法であるとされている中で、ソ連は日ソ中立条約を一方的に破棄して北方四島に侵攻して占領したのである。ソ連にとってその開戦は如何なる意味でも自衛のためと言えるものではない。

それは紛れもなく侵略戦争であり違法なのである。その違法な侵略戦争により占領した日本の領土を戦勝国のソ連が保持する権利があることを認めることはできない筈である。ソ連も日本もそのパリ不戦条約は批准しているのであるから、ロシアに領土占領に基づく領土権を認めることは条約違反の行為を正当化することになる。それを認めることはソ連(現ロシア)の違法な戦争を正当化することになるからである。

ところで、ここに述べたような戦争は二度の世界大戦後は発生していない。それは大戦のあまりの惨禍に学んだのかも知れないし、国際連合の存在や各国間の情報伝達、コミュニケーションの重視される世になったためかも知れない。また、戦争のもたらす利益が乏しいことを覚ったためかも知れない。その他権力者の考え方の変化といった諸々の理由も重畳的に考えられる。要するに現代は国の命運をかけて戦争をする時代ではなくなっているのかも知れない。その反面局地的な武力紛争が多発する時代になった。

多分ではあるが、これから深められる筈の戦争法学の成果の殆どが、武力紛争に法のメスを入れる場合適用ないし応用されることになるのではないだろうか。

３、戦争開始の決定

戦争を開始することを国家の意思として決定する権限は誰に帰属しているのか、ということも戦争の重要な要素である。

日本では、軍隊の指揮権（統帥権）は戦前天皇に帰属していた。現在、日本は憲法上軍隊を保持しない建前であり法律上日本の軍隊は存在しないので、統帥権そのものも存在しない。然し、事実上の軍隊である自衛隊（日本国内はともかく外国から見ると軍隊）があり、その最高責任者は内閣総理大臣と定められている（自衛隊法第七条。「内閣総理大臣は、内閣を代表して自衛隊の最高の指揮監督権を有する」）このように職業軍人でない者、または民間人というべき者が最高責任者の地位権限を有していることをシビリアンコントロールまたはシビリアンコントロールに服している状態と言っている。

社会常識上、そのようなシステムであれば、例えば軍部のクーデターによる政権奪取、即ち民主制の否定（選挙によらない政権交替）の心配をする必要性が低下するであろうことは理解できる。然し、それだけで安心してはならないと思う。軍部が独走して戦争を始めないこと、即ち政府や国民の望まない戦争を始めさせないためにはこの制度で足りるのか、という問題がある。

私は自衛隊が勝手に武力行使に踏み切らないように制御《せいぎょ》する仕組みとしてはシビリアンコントロールだけでは不十分であると思う。

それではそれを補うため、武力行使を国会の承認が必要とする制度にするのはどうか。事後承認を要するのでは、既に事は始まっているのだから殆どブレーキの効き目はないであろう。シビリアンコントロールを十分有効に機能させるためには、制度として権限をどう規制するかということより、正確な情報が与えられることの方が遥かに重要で、その担保なしにはどのような制度を設計しても有効に働かないと考える。

かつて南スーダンで武力紛争が起こったのに、その正確な情報を自衛隊も政府も国民に伝えなかったということがあった。そのような重要な情報を隠蔽したら誤った情報とそれによる誤った判断で戦争が開始される余地が生じ、正しいシビリアンコントロールは効かなくなるのである。要するに、シビリアンコントロールの下にあるだけで国民は安心してはならない、ということになる。政府や国民が現地の情報を正確に得ること、それも軍隊以外の情報源が確保されている制度が、シビリアンコントロールを有効かつ適切に発揮させるためには不可欠である。

このような観点から、シビリアンコントロールに関する法制も重要な研究課題になるのである。例えば情報収集のための第三者機関や戦争をコントロールするための世論調査を行う機関を設置する等も含めて、もっと精密な組織を作る必要があると思う。

究極の法制としては軍の組織を最終的に文民が束ねるとして、その軍組織を分割して相互牽制するような分権システムを採り入れるといった工夫も試みられるべきではないか、とも考える。

太平洋戦争中、一億玉砕を叫んで本土決戦へ進もうとする軍部の暴走を止めた昭和二十年八月十五日の天皇の詔勅を以って、シビリアンコントロールの好例とする説もある。昭和天皇をシビリアンとは言い難いとしても、軍部は戦争を始めた以上敗けを認めず暴走する傾向がある。それを止めるシステムは必要であり、それは世論に従うものでなければならないと思われる。世論に従って軍部の暴走を制止する制度も欠かせないのである。

4、終戦後の統治（戦勝国の権利と義務）

戦勝国には敵国に対して権利のみ有し、義務を負うということは観念しにくいであろうがそうではない。敵国を敗かす、ということは戦勝国が敗戦国の統治権を奪うことになるからである。

統治の対象となる敵国領土があり、そこには生活を営む国民が居るからである。また、敗戦により旧統治権者が不在となり、そのままでは無秩序と混乱が生まれる筈である。

新しい統治権者となった戦勝国は、少なくともその秩序を回復して安定させる義務が認められねばならないと考える。その義務は何を根拠に発生するであろうか。ここではとりあえず大昔の戦争、即ち戦勝者が略奪の限りを尽して統治はせず去っていくといったタイプの戦勝国のことは、非現実的なので考慮の外に置いておく。

戦勝国が敵国の占領支配を続ける、ということは、その領土と領土に暮らす国民を統治することである。そしてその統治が目指すべきものは秩序の回復と安定である。そしてその秩序は国民が皆納得して従うべきものであるが、それは法秩序の確立に他ならない。

そしてその法秩序とは、法の精神である公平、平等、正義及び程度の差はあっても一定の自由といった価値観が根本にあるものでなければならないであろう。

このように考えるとき、敵国の民と領土を戦勝国が法を以って統治し、秩序を回復させ維持させることを内容とする統治義務は、戦勝国が敵国を占領することと表裏をなし、これに内在する義務である、と言えるかも知れない。

5、請求権放棄条項の効力

戦争終了の後に調印される講和条約では請求権の放棄を内容とする規定が盛り込まれることが多く、またこれが講和条約の中で、賠償の規定と共に主要な内容となっているのである。

ところで、その請求権放棄の意味、その規定の効力の及ぶ範囲が問題となる。戦争当事国間では、その請求権については自由に定めることができるが、その定めによって当事国の一方と相手国の国民（または法人）との間の権利関係がどうなるのかという問題が発生するのである。

例えば、戦争の被害を受けたA国民が加害国であるB国またはその国民に対し損害賠償の請求をしようとする場合、講和条約の中にA国のB国に対する請求権放棄の条項がある、という場合である。

勿論規定の文言も一律ではないが、根本的にA国がB国に対しA国民の権利を含めて一切の請求権を放棄すると定めた場合、A国民の権利はB国及びB国民に対する関係で有効に消滅させられるのであろうか。A国が国家としてA国民の権利をB国またはB国民に対し放棄することは可能であろうか、という問題である。

国内法の理論からすれば、それを有効に合意するためには委任に基づく代理権などの授権が必要な所であるが国際法上はどうなるか、という議論である。

まず、A国民が請求権を行使しようとするとき、A国の裁判所に提訴する場合とB国の裁判所に提訴する場合が考えられる。B国の裁判所が提訴を受けた場合、B国の裁判所としてはB国の国家機関である以上裁判権がない、として訴を却下することになりそうである。日本国憲法は第三十二条で国民に裁判を受ける権利を保障しているが、日本国民でないA国民に対してはこの権利を保障していないのである。よって、A国の国民はB国の国家機関に権利の救済を求める途はないことになる。一方、A国の裁判所に提訴した場合はA国の国内法の問題として処理されることになる。

最近の韓国の徴用工問題や慰安婦問題は好例である。

日本ではサンフランシスコ平和条約について「放棄されたのは、日本国民の日本国及び連合国における国内法上の請求権である」（東京地裁　昭和三十八年十二月七日判決）との判例があるが、一方で（請求権の放棄は）「日韓両国が国家として持っております外交保護権を相互に放棄したということでございます。したがいまして、いわゆる個人の請求権そのものを国内法的意味で消滅させたというものではございません」（一九九一年八月二十七日　参院予算委員会における慰安婦問題に関する柳井条約局長、答弁）との見解もある。

これらは「権利はあれど救済はない」との考えであると言われているものである。そして、この考え方は現実的ではあるが個人の権利保護に適しないことは明らかであり、より深化した法理論が求められる所である。

6、戦争の目的

戦争には目的のあるものとないもの（例えば、相手国に対する憎悪に基づく感情的戦争）がある。通常開戦前にある要求を掲げ、それを容れさせるために戦争する、と表明する場合があるが、それは行為を正当化する国際世論受けを狙ったもので、真の目的は隠されていることもある。

戦争は目的もなしに開始されることはない。通り魔殺人事件のような戦争はない、と考えておいてよいと思う。

然し、戦争をする国が目的を始めから正直に明らかにし、それを実現するために戦争を開始する例は少ない。

第一次世界大戦（以下、第一次大戦）の頃は、植民地支配や自国の領土を拡げるといった国家の野心が真の目的であったのだが（クラウゼヴィッツの言う政策実行の一手段としての戦争がこれである）そのような露骨な理由はむしろ隠しておいて、自衛のためとか正義のためとか理屈を付けて戦争を正当化しようとするものが大半であった。それらは決して真の戦争の目的とは言い難いものである。

面白いことに、第二次世界大戦（以下、第二次大戦）においては戦争が始まり、終わりが見通せる状況になってから連合国の首脳らが会談して○○を戦争目的とする、戦争目的の一つに加える、といったことを合意したりしている。完全に理由の後付けである。戦犯を裁判にかける、というのもそのような中で目的の一つとされたのである。

では真の戦争の目的とはどんなものであろうか。ある説では権力者が他国の一つを「敵国」と認識することに始まり、それがエスカレートして実際の戦争に至る、という。この説では戦争の目的は敵とされた国と戦って倒す、これ以外にないことになる。実際、戦争は、始まってしまったら勝つこと、敗けないことだけが目的化してしまい、そのためにはどんな犠牲も厭わない。当初の目的は完全に忘れ去られてしまうという現象が生じるのである。

沖縄での地上戦はその好例である。沖縄住民によれば、日本兵が自分たちを守ってくれると思っていたら、避難していたガマ（洞窟）から追い出されたり、自決せよと手榴弾を渡されたりした。死に損なっていた住民を助けたのは皮肉にも上陸してきた米兵だった、と話していた。軍隊は国民を守る、とは戦争以前の一般論であり、戦争が開始されたら軍隊は敗けないために、まず自分達を守るものである。これが現実なのである。政治家は「国民の生命や身体を守るため軍備が必要だ」と言うが、実際に戦争が始まると勝つため、敗けないため足手纏いの住民に自決を迫る、といった行動をとることもあるのである。即ち住民を敵から守る、というのは幻想のようなもの、観念的なものなのである。

要するに戦争はあくまでも戦いであって、相手を倒すために行われるもの。冷静に目的を定め、合理的な判断に基づく一定の計画があり、その遂行過程と考えることはできないのである。

第3章　兵士の人権

1、軍隊の指揮権（統帥権）及び兵員（戦斗員）の人権

軍隊はその国の法律に基づいて組織される武器（物）と兵士（人）により成り立つ。時にこれを暴力装置と呼ぶことがあるが、正にそのとおりである。組織としての軍隊は、下は兵隊兵員から上は最高の統帥権者までの階級と権限分配により成り立つ。

軍隊を構成する兵員（戦斗員）は、徴兵制の場合と応募し就職した志願兵や傭兵ではその法律的地位には違いがあると思われる。即ち、徴兵制の場合の兵士の地位は法律で定まるが志願兵の場合は、両者の合意により定まる筈である。そのようにして兵員となった者は基本的には公務員であろうが、他方労働協約に相当するものを観念する必要があるであろうか。既に兵役の拒否の正当事由（例えば宗教上の理由など）も論じられている。

また作戦や軍事行動の中で上官の兵員に対して可能な限り危険を防止するという配慮義務や、兵員の一定の危険引受、甘受、応諾義務の限界が論じられねばならない。元々戦争という危険な業務を承知で兵員になった者であるが、その危険を応諾するのは無制限ではありえない筈である。どこに上官らの注意義務の線を引くべきかの問題でもある。

また、例えば戦線離脱を禁じる定めも、兵器や食糧等の不提供などの一定の条件が整えば解除、免除され戦線離脱、脱走、拒否、降服が許されるとの法理（免責の法理）も検討されるべきことになる。現在の自衛隊法を見ても、「隊員は（中略）職務上の危険若しくは責任を回避し、または上官の許可を受けないで職務を離れてはならない（自衛隊法第五十六条）」と義務のみ定められているが、「正当な理由があれば危険を回避してもよい」という条項がなく、職務上の危険を回避する権利、途はないことになっている。然し、これでは危険な任務の拒否はできず、隊員を危険に晒すかどうかは上官の判断次第ということになる。このような法規の下では隊員の人権は守られているとは言えないであろう。

また、軍隊組織には厳しい軍律が定められて、それは軍法会議という司法権と別の裁判制度を伴っているが、その軍律や軍法会議に法のメスを入れ、人権違反の有無をチェックすることも必要ではあるまいか。兵士の最低限保障されるべき人権（例えば弁明の機会の保障、弁護人選任権など）が論じられるべきである（特別権力関係の問題としても）。そして軍隊内部で行われる裁判の一種である軍法会議のあり方も、それが果たして必要か、弁護人や適用される法はどうなるのか、といった点について十分な議論がなされるべきであろう。

このような兵員の業務上の地位を雇用関係との対比で法的な光を当てることは、人権重視の観点からも極めて重要であろうと思われる。

特に先の太平洋戦争における多数の兵士の死亡の原因は食料不足（糧食を与えられなかったことによる）やマラリアなどの病死（衛生状態の極悪の戦地に兵を送り込んだこと）によるものだった。しかもそれは絶望的抗戦期、即ち、戦勝が見込めない末期的時期に発生しているのだった（吉田裕著『日本軍兵士　―アジア・太平洋戦争の現実』中公新書）。それらの事実に鑑みると、戦争指導者が降服の判断を適切に行えなかったなどと指摘されている。戦争指導者の不適切な判断に従うことを強制された兵員らに対する国の賠償責任は、とても不問にできないものであると思われる。そのような事態に対する法理論の構築は、戦争指導者に対し、戦争遂行を制禦する方向で働くものであることは明白である。

太平洋戦争を例にとっても、東京裁判で死刑となり処刑された少人数の者が刑罰という形で責任をとったかも知れないが、その他の者に対する刑事責任やその他の民事上の賠償責任について国は何も果たしていないのである。東京大空襲や沖縄の地上戦での民間人犠牲者、広島・長崎の原爆の被災者を始めとする民間人の死者、家や財産を失った者に対し、または韓国人や台湾人、満州人その他戦場となった東南アジア諸国の人々と数えあげれば賠償の対象となりうる人々は極めて多数に上る筈であるのに、賠償を問題にする者が少ないのは何故か。法理論とそれを武器に戦う法律家が居ないから、という外はない。

賠償問題に関して言えば、戦争遂行者は賠償問題から野放し状態でやりたい放題で責任を全く感じていない、と言う外ないであろう。戦争なんだからそんなことは耐えるべきだ、という考えが根本にあるとすれば、それを容認し放置することは違法で無謀な戦争を始めようとする権力者を生むことにつながるものであるし、法律学徒の怠慢のもたらす不幸、惨禍だ、ということになりかねない。

このように、兵士の法律上の地位や一般市民、国民の権利義務は大きな研究対象にならねばならない。

武器も日々進歩している。その中で核兵器や化学兵器やハイテク兵器等があり、それらは勝つためには何でもありという発想で死の商人達によって開発されているのではないか。それは人権または人道上許されないものとして違法とすべきものがある筈である。

その理論または限界をどう設定すべきか考察する法理論が必要ではないか。これも人権思想を反映すべき大きな研究対象となるべきである。

このことは戦争法学　各論の第４章 第2節「人道に対する罪」（１３６頁以下）で後に論じる。

2、兵士のメンタルケア

更に、兵士の肉体的健康の保持の他、精神的健康の保持の問題もある。ベトナム、クウェート、イラク、アフガニスタンの帰還兵達が帰国後に精神的に病んでおりその障害で苦しんでいる（それも相当多数に上る）、ということが報告されている。そして、それが勝利した兵達の中でのことであるから、ましてや劣勢で絶望的に抗戦している側の兵士の場合は更に過酷なものではないかと想像される。それらは戦場から離れた者の帰国後のことである。ここで問題としたいのは戦争の最中、戦の最前線に置かれている兵士達の精神の健康保持の問題である。

太平洋戦争中の日本軍兵士で見ると、徴兵制の下その兵士達は元々サラリーマンや工員や農夫として平凡な市民、国民として生活していた若者達であった筈である。そのような者達が召集令状（いわゆる赤紙）により突然、不十分な軍事訓練を受けて兵士とされ軍隊組織に組み込まれ、最前線（中国の奥地や南洋諸島、ベトナム、ラオス、カンボジア、ビルマ等）へ送られたのである。そのような激烈な環境の変化に耐えるのには、相当強靭な精神力とそれを支える肉体が必要な筈である。

吉田裕著『日本軍兵士―アジア・太平洋戦争の現実』（中公新書）によれば、「戦争神経症」というものが認められ、研究が進みつつあるとのことであるが、同書によれば還送患者（戦場から疾患のため本国に送還される兵）の中に占める精神疾患患者の割合は終戦が近付くにつれ次第に増え、一九四二年には８・89パーセント、一九四三年は10・14パーセント、一九四四年には22・32パーセントということである。該当者は発狂に近い状況であったであろうと想像されるが、この増加傾向の数値には驚かされる。

また、「戦争神経症」とは、戦時に軍隊に発生する神経症の総称であり、ヒステリー性の痙攣《けいれん》発作、驚愕反応、不眠、記憶喪失、失語、歩行障害、自殺企画、夜中にうなされて突然声をあげる夜驚症等々の症状であるとされ、第一次大戦中の激しい塹壕戦の中で多数の患者が発症し注目されるようになった、とのことである。

このような過激で救いのない状況に投入される兵士の人権に対し、その擁護はどのようになされるべきであろうか。

敵兵を殺さねばならず、そのため危険な戦闘を行わねばならないという使命の中で、その兵士の生命身体を保護せねばならない、という極めて矛盾対立する価値観を両立させ、その間に線を引くのは至難の要求ではあるが、この問題には逃げずに正面から取り組むことが必要である。

そして、それは権利侵害に対する予防の問題でもある。疾患が発生した兵士の救護については別途十分な看護等の措置がなされるべきことは当然である。

第4章　平和の定義

1、平和な状態

戦争法学は裏返せば平和法学であり、その目的は平和な世界を実現するための学問研究であることに尽きる。

「平和＝戦争のない状態」という考えが一般人の平和に対する認識として定着しているようにみえる。確かに戦争がなければ皆平和と感じると思うが、北朝鮮がミサイルや核兵器を開発していると聞けば不安や脅威を感じるのが当然で、北朝鮮が何と言おうが戦争の危機が迫っていると感じるのは当然である。その状況は決して平和と言うことはできない。ついでながら日本の自衛隊は文民統制に服するとか、専守防衛を旨としており他国への進攻などは全く考えておらず隣接諸国は戦争への脅威を感じる必要はない、と幾ら言っても日本の近隣諸国が脅威を感じ、対抗するため自らの武力を増強して戦時に備えようとするのは当然である。

2、そのようなことから日本国憲法を読む

前文には「日本国民は、恒久の平和を念願し（中略）平和を愛する諸国民の公正と信義に信頼して、われらの安全と生存を維持しようと決意した」という基本的姿勢を述べるのに続く部分に注目すべきである。それはこのように続く。「われらは、平和を維持し、専制と隷従、圧迫と偏狭を地上から永遠に、除去しようと努めてゐる国際社会において、名誉ある地位を占めたいと思ふ」

即ちここでは戦争などの平和を脅かす要因として専制と隷従、圧迫と偏狭が揚げられているのであって、専制と隷従にはドイツのヒトラーを、日本では独走した軍部が思い起こされるのである。

そして圧迫と偏狭では民族や宗教、思想信条による差別や選民思想または特定人種の優越思想に立つ他者の抑圧が思い起こされるが、それらは全て平和を脅かす原因として捉えら

れているのである。このように憲法は、恒久の平和は単に戦争のない状態に止まらず、その原因である専制と隷従、圧迫と偏狭を除かねば到来しないということを見据えているのである。極めて高度の理想が完璧に示されている、と言うことができる。そして、それは人類の究極的に求むべき平和の姿が示されているのである。あまりに高い理想であるため、理想論にすぎないと切り捨てる態度に賛成することはできない。その究極の理想の実現が如何に困難であっても、その理想に向かって最大限の努力を尽くす覚悟が必要である。

この前文を引き継ぐ形で本文第九条は第一項で「国権の発動たる戦争」と「武力による威嚇または武力の行使は」「永久にこれを放棄する」と定めているのであるが、注目すべきは戦争の放棄のみならず「武力による威嚇」までも放棄している点である。

例えば憲法は、実戦さながらの大規模軍事演習も「武力による威嚇」であり平和を脅すものとして放棄しているのである。こう考えると自衛隊が外国軍隊と行う合同軍事演習も国会の承認にかからせる等の法整備が必要ではないかと思われる。それは周辺国に対し脅威を与える（いつでも戦争する準備がある、ということを示す示威行為である）ものである以上当然ではないだろうか。

核実験や核の運搬手段となるミサイルの発射実験なども憲法上容認できない違憲行為となりかねない。他国に対し抗議する場合、日本国の憲法の規定を持ち出して抗議するのは勿論筋違いかも知れない。然し、それらの実験に日本政府が抗議する場合、日本国はこのような憲法の下で世界平和を希求する国であるということに基づいて抗議しているのである、ということを宣明するぐらいのことはなすべきではあるまいか。

3、積極的平和と消極的平和

国連憲章で定める安全保障理事会の権限の中には「平和に対する脅威」もしくは侵略行為の有無を決定し、とるべき行動を勧告することを認める条項があり、平和に対する脅威、即ち紛争発生前の脅威を対象としている。

憲法前文でいう「平和」に対する言葉は「戦争」ではなく（戦争は直接的暴力であるがそれだけでなく）「恐怖と欠乏」であると言われている。「恐怖と欠乏」とは（恐怖の中には当然武力や核兵器による威嚇が含まれているのであるが）戦争という直接的暴力に恐怖と欠乏を加えたものが構造的暴力であると言われている。

つまり「平和」とは、経済的搾取、政治的圧迫、性差別、社会差別、人種差別などのあらゆる差別、更には植民地支配など社会的システムに組み込まれている構造的暴力に、テロや戦争といった直接的暴力の両方を克服した状態である、というのがヨハン・ガルトゥング（ノ

ルウェーの政治学者）の定義であり、これが世界的に認められている平和の定義と言ってもよいかと思われる。そして、

・戦争のような直接的暴力のない状態＝消極的平和
・直接的暴力だけでなく構造的暴力もない状態＝積極的平和

と区別する説もある。

更に、日本国憲法は「国に対して」平和を求めて行動するよう求めているのみならず、「国民一人一人に対して」平和維持、平和希求の活動を求めていると考えられるが、そのことを言い換えると国に対して求められている平和行動は「しない平和」（例えば非核三原則である。持たない、作らない、持ち込ませないの如く、しない三原則）であり、国民に求められる平和行動は「する平和」である、とも言われている。

平和維持は国に求め、国民は何もしないというのは憲法の意に副う行動ではない、というのである。

日本国憲法の平和主義は、このように非常に徹底しており一面理想主義的で現実離れしている（その実現には大変な努力や時間が必要であろうという意味で）ことも事実であろう。

然し、この日本国憲法制定後に作られた新興国の憲法の多くは日本国憲法の平和主義に

倣って、平和条項を入れているのである。

つまり、日本国憲法の目指す理想は世界の憲法や世界平和の実現のために目指すべき究極の平和のあり方を示すもの、到達点を示すものとなっているのである。

そのように考えると、日本国憲法の示す平和主義の理想は、現実的でないからと言って簡単に降ろしてよいものであるか慎重に考えねばならない。特にその平和主義の思想は今や世界の平和思想をリードする人類共通の文化遺産であるとの考え方からすると、その理想を降ろすのは、世界中で行われている平和を希求する運動に著しい悪影響を与え、運動を逆行させるものとなると考える。

また、この理想を掲げ続けることはもうやめるべきで、例えば自衛隊は最早軍隊として実在し国民も認めているのだから、憲法の方を実情に合わせて変更し、理想と現実のずれを解決すべきであるとの説もある。然し、それは本末転倒であって、自衛隊がなくても安心で平和な世界の実現、従って自衛隊をなくそうとする努力こそ必要である。それが平和国家を目指す日本国憲法の求めているものであって、その旗は降ろすべきではないと考える。

即ち、現実は現実だが理想は理想として堅持するということである。自衛隊という軍隊が存在するのであるから憲法を現実に合わせよう、ということは理解できないではないが、理想と現実を一致させることにどれ程の意味があるのか、とも思うのである。

　最後に日本国憲法の平和主義が他の諸国にどのように影響しているかについて眺めてみたい。

４、諸外国の憲法における平和条項

一九四六年の日本国憲法制定時、諸外国の憲法の平和条項は、侵略戦争の放棄を掲げていたのにすぎない。そして、その後独立したアジア・アフリカ・中南米諸国は憲法制定にあたり、平和条項を加えるものが増えたという。

それらの国は現在、成分憲法を持つ国、約一八〇カ国のうち実に一二〇カ国以上に達している、とのことである。然し、その内容となると必ずしも一様ではない。

類型的に見ると、

●抽象的な平和条項を置く国：フランス、インド、パキスタン（国の義務として国際平和に協力する義務ありとする）

●侵略戦争・征服戦争の放棄を明示する国：フランス、ドイツ、大韓民国など

●国際紛争を解決する手段としての戦争を放棄する国：イタリア、ハンガリーなど

●中立政策を宣言する国：スイス、オーストリアなど
●核兵器の禁止を明示する国：パラオ、フィリピン、コロンビアなど
●軍隊の不保持を明示する国：コスタリカなど

コスタリカはこの憲法を制定した当時、国内に米軍基地があったが、それを撤収させたことが知られている。

(以上、辻村みよ子著『比較憲法 新版』岩波書店　２５６頁以下による)

このような中で日本国憲法は最も徹底した内容であり、世界の憲法の平和条項の中では究極の理想型を掲示し、先導しているものであることがわかるのである。

第5章　戦争の国際法規の変遷

1、序論

国際法上の戦争法の歴史、流れとでも言うべきことについて概観を整理しておくことも必要であると思う。

出典は思い出せないが、史上初の国際条約とでも言うべきものは紀元前十三世紀頃エジプトとヒッタイトとの間で成立した和平合意であったらしい（別にメソポタミアの和平条約とする説もあったかと思うが）。

それは、青銅製の武器しか持たないエジプト軍が鉄の武器を持ったヒッタイト軍に散々打ち負かされ（鉄の剣は青銅の剣をへし折ったのだった）、たまらず和平を成立させヒッタイトに降参したとき成立した合意、条約であった、とのことであった。注目すべきは、その後戦争に関する条約の殆どが、「戦争をやめる」「平和を取り戻す」ことを内容とするものであったことである。人類は戦争を始めるときは合意なしに始めるが、戦争を終わらせて平和を希求するときは話し合い、合意を成立させるものであることを歴史は示している、ということである。

話し合うこと、合意を成立させ秩序を回復させることが平和をもたらすということは、歴史の教訓である。また、話し合いとは相手の意見を聞き、受け容れることであるから寛容の精神に基づく話し合いが平和にとり重要なのである。

2、国際法上の戦争法史概観

ここで一応国際法の立場から戦争法史を概観しておくことにする。

これまで「戦争法」の語、または概念は主として国際法学者の間で論じられてきた。そこでの戦争は「国家間における強制手段で武力行使を伴うもの」といった定義がなされてきた。それは戦争を国家の政策手段の一つとして、是認しようとした流れにも副うものである。

そして、このような定義は、国際法上戦争ということで各種の制約を受けることになるという効果があり、戦争を異なる名称で言い換えたり、別の定義を用いたりすることもあり、定義付けを確定させることは困難である。

また、戦争と言ってもその実態である武力衝突や紛争は、当事者や場所や背景が多様であり、その戦争の定義もまた困難を極める。

何れにせよ、戦争法史を概観するにあたって、その中心になる戦争の概念定義は、不完全ではあるが、国家間の強制手段で武力行使を伴うものということにしてとりあえず出発せねばならない。

(1)中世の戦争法

中世の戦争法は、敵国の戦斗員と平和的人民を区別して後者の生命を尊重し、寺院、学校の如き宗教、学術、慈善の用に供される財産の不可侵を定め、その他戦争の目的を遂げるために必要ない殺戮《さつりく》及び破壊行為を禁止し、また敵国の戦斗員に対し行使される手段と言えども残酷性の大きいものの使用を禁止するなど、現代の戦争法を支配する諸原則の萌芽と言うべきものを既に含んでいた（田岡良一著『国際法Ⅲ（新版）』有斐閣）という。

中世の諸侯、君主間の平常の関係を支配する法規はローマ法の原理であったが、それは民法的な法理であり、かつそれは戦時には用いられない、即ち、ローマ法の中には戦時に用いられる法理が見出せなかったので、神学者や教会法学者らが新たな価値観に基づく戦争法に取り組むことになった、とのことである。

戦争に適用すべき法がないからと言って無法状態のまま戦争状態を放置することは、この時代であっても法律感情が許さないのであったと言う（前掲書）。

そうして論じられたのが、「戦争にどういう合理的説明を与えるべきか」「どういうふうに戦争を非合法的暴力の行使と区別するべきか」「戦争の災害をできる限り少なくするために交戦者の行使する武力をどの限度まで制限することが可能か」「戦勝者は戦敗者に対してどの程度まで権力を揮ってよいか」などであった（前掲書）。

要するに戦争を目的により制限し、人道上の見地から戦斗行為を制限し、勝者の権利を制限し（得られる利益を少なくし）て、色々な方向から戦争の発生拡大を防止しようとする理想面や現実面からの戦争抑止の試みがなされていると認められるのである。

戦争目的の正当化のために、正戦論や聖戦論も行われたのであるが、それは略奪等の私欲を制限するため人類共通の普遍的価値観として正義を持ち出しているのである。

⑵十七世紀グロチウス時代の戦争法

戦争と法を語ろうとする場合、グロチウスの国際法に触れないことはできない。国際法の父とも言われたグロチウスは十七世紀のオランダの法律家で弁護士であったが、彼は「戦争と平和の法」三巻を始めとする数々の著作を残したのである。国際法の分野では彼の学説がその出発点と見なされていて、それ以前の国際法が学問として確立することに大きな貢献をしたということから「国際法の父」という称号が奉られることになったのである。

私の力量からして、グロチウスの著作の原典を読みこなすことは完全に不可能であるが彼の学説に触れないわけにはいかないので、最近の著作である『逆転の大戦争史』(オーナ・ハサウェイ、スコット・シャピーロ著、船橋洋一解説、野中香方子訳、文藝春秋社、二〇一八年、原著の出版は二〇一七年)を引用、参考にして紹介することにする。

私が同書から読み取ったのは次のことである。

(その1)

戦争中に敵国の物資を武力で強奪したとき、その物は戦利品として奪取した国(または奪取者)の所有となる。

当時は戦利品の他、敵国の国民である男女も戦利品として奴隷にして所有売買することが行われていた。特にアフリカ等の植民地化の過程で、そのような権利が戦勝国（征服国）に認められていた。

これは先進ヨーロッパ諸国にとり誠に都合のよい理論であったため、歓迎されたと思われる。それは戦勝国の間、つまりそれは強い者だけの間の論理であり、侵略され略奪された側の意思を無視した極めて不都合な論理であった。然し、弱小国にとってそれは如何ともし難いことであったのである。その内容は法とか理論とは言えないものである。

（その２）

十七世紀当時はカリブ海やアフリカ沿岸の海域では貿易船を襲う海賊が横行しており、英国やオランダ、スペイン、ポルトガル諸国が植民地化を推進するのに後れをとったフランスはそれらの国々が植民地から収奪した物資を運ぶ貿易船を襲撃する海賊行為をカリブ海等において奨励していたのである。だが、その海賊の略奪した物品（動産）の所有権は強奪された側に残るため、その物品の売買にあたっては、売主はそれが略奪された物品ではないことを証明しなければならなかった。

その証明が不成立の場合、例えば前記のように、その商品が正当な戦利品であるとの証明に失敗した場合、買主は元の所有者にその物品を返還しなければならず、大きな損失を蒙ることになるのであった。

勿論今日では有体動産の取引では買主が、その物品が盗品であってもそれを知らなかったとの善意を証明すれば善意取得（または即時取得）の法理により所有権を取得（確保）できるのであるが、十七世紀当時にはその法理はなかったようである。

一言で評するならグロチウスの説く法は、戦争を容認し更にはそれを拡大させるのに資する法理であって、これを正当なものとして維持することはできないのである。

(3)世界大戦前

戦争そのものを違法とする考えはいつから始まったか、という視点は戦争法の歴史を眺めるとき必要である。

戦争そのものを違法とする視点は、その前には戦争を阻止しようとする考え方や残虐な手段を禁じることによって戦争を実際面から規制しようとする考え方や、動機目的により制限しようとする考え方など何れも戦争を制限しようとする説と同じ目的と方向性を持っている。

然し、それらは何れもヨーロッパ諸国プラスアメリカ世界での論理であったため、それ故の限界を有していたのである。

つまり、第一次大戦当時は、ヨーロッパ諸国が植民地獲得競争とそれに伴う戦争の時代であったから、戦争を否定しつつも暴力で獲得したものの権利は確保したいとの相容れない理窟を理論の中に混在させていた。

典型的なのはグロチウスの「戦争と平和の法」に述べられている理論である。この理論は戦利品の権利を認める法理を含んでいたから、ヨーロッパ諸国で歓迎されたものであるが理論としては決して優れたものとは言えないのである。第一次大戦後に作られた国際連盟の規約上大国の権利が温存された（大国が初めから理事国になるという特権が認められていた）。その考え方は第二次大戦後に作られた国際連合の約款上も五大国の常任理事国とその特権たる拒否権として今なお継承されている。それらの特権は大国のエゴであり世界の平和実現とは理論的に結び付かないものであることは明らかであるのに、である。このような世界組織を主導する国はその地位を利用して、何らかの特権（有利な地位）を確保しようとするのであるが、それがその組織にとり大きな機能障害をもたらし、欠陥となっているのである。大国は常に公平で正しい判断と行動をするもの、という前提がなければ、そのような特権は正当化されえないのであるが、その特権をむしろ自国の国益のために行使するものであることは、歴史上多くの実例がある。これは大国のエゴと言う外ない。

従って、その特権がある限り、どんな組織も完全ではありえない。

なお、拒否権という語は国連憲章の中にはないのである。憲章は手続事項以外の実質的事項に関する決議には十五の理事国中、常任理事国五カ国（米、英、仏、中国、ロシア）の全て及び他の理事国の合計九カ国の賛成がなければ成立しないことになっているため、五常任理事国の一国でも不賛成であれば、決議が成立しないとされているもので、常任理事国は全ての議案に不賛成とし成立を阻むことができるということを拒否権がある、と表現しているのである。

国際連盟の理事会も大国を常任理事国とし、非常任理事国である中小国とで構成されていた。

⑷成文化の試み

主権国家の成立と共に国際法が登場するのであるが、当然ながらそれは主権国家が成立していた西欧諸国の世界における事象であった。その世界での戦争は、先進文明国間の衝突であった。後進民族は国家を持たないため近代国家の略奪、搾取の対象であり、戦争の相手国となりえなかったので当然戦争法の対象とはならなかったのである。

そのような時代背景の中で成立した戦争法である。その目指す所は、戦争という現実とキリスト教の教えの調和の試みでもあったが、基本的には戦争を禁止あるいは制限する方向での議論であった。具体的には戦争は、正当な事由がなければ許されない、という所から出発し、それは正戦論という形をとった。トマス・アクィナスらの説である。

それらはビトリアやスアレス、グロチウスらに継承されてゆく。正戦の正は国際法上の権利の維持、防衛のための戦争なら正しいという正当防衛的論理に戦争正当化の論拠が求められようになったのである。

グロチウスは、戦争の正当原因として、防衛、回復、刑罰（報復）を理由とする戦争以外の戦争は不正な戦争とするなどの区別を試みている。

然し、その正戦論は基本的な問題として、誰が正戦、非正戦の判断を下すのか、しかも強制力を持って、という問題を抱えていたのである。

それは普遍的超越的権利を認められた統治権、その権利行使は基本的に正しくなければならず、それに逆らう者は不正と認められる、といった価値観に支えられた。だが、やがて主権国家の成立する世界になるに従って揺らいで来たため、問題が表面化し、論理的な破綻をきたすに至った。

グロチウスですら、国家対国家の戦争が行われている場合、両国がそれぞれ防衛といった正当な理由を掲げていたら、どちらが正戦を行っている国であるかを第三国は判断できない。そのため、戦争が終わり戦勝国が確定したとき、その国が正戦を行っていたことになると述べている。勝てば官軍である。

それでは、正戦という価値観は戦争の防止に対し何の力も持たないことになる。正戦理論の破綻である。

そうした流れの中で十八世紀後半、正当理由に基づく正戦の中でも、ヴァッテルのように権利侵害をめぐる解決のため利用できる手段として戦争を容認する説をなす者が現れたりした。狭い局所的な侵害を防衛する手段として限定的に、やむを得ず戦争を容認しようとする現実論である。

その後交戦国を平等に扱う「無差別戦争観」などが登場し、交戦国の何れに正当理由が認められるかどうか、を判断しないという態度である。

これら学説の流れは、詳細に亘り紹介する能力はないので触れないが、新正戦論や差別戦争観もある所である。然し、それら戦争正当化、即ち戦争という手段に訴えるのを権利として捉えるかどうかは難しい問題である。例えば自衛権や集団的自衛権は自然権なのか、といった問題である。

そこでその後の戦争法学は、戦争の合法化についての議論を諦め、戦争の遂行方法を規整する方向に向かうことになる。

ちなみに、戦争法の成文化の試みとして挙げられるものには次の如き条約がある。

●一八六四年、ジュネーブ条約
戦場における軍隊の中の負傷軍人の状態改善に関するもの。

●一八九九年、第一回ハーグ平和会議での諸条約
戦争法の改良を目的とする諸条約である。

●一九〇七年、第二回ハーグ平和会議での諸条約
これも戦争法の改良を目的とする諸条約である。武力行動の開始に関する条約、陸戦の法規及び慣習に関する条約、中立国等の権利義務に関する条約、ジュネーブ条約の諸原則を海戦に応用する条約（赤十字条約含む）等がある。

●一九二五年、ロカルノ条約
独仏が戦争に訴えることを禁止し、英伊が保証人となった。
●一九二八年、パリ不戦条約
全ての戦争を違法とする、ある意味画期的な条約であるが、例外的に自衛のための戦争は容認され、しかも自衛のための戦争か否かは各国の判断に委ねられたので、いわばザル法のようなものであった。また、先進各国は既に植民地の獲得を終え既得権益を確立させていて、それを自衛のための戦争を行うことにより確保できるといった裏側から見た利害の判断によって批准がなされていったという面があり、各国は批准はしたものの、戦争をなくし平和を築こうとする理想とは異なる利害により成立した条約だったのである。

そういった意味でもこの条約はこれまであまり評価されなかったのであるが、最近再評価の動きが起きている。その背景には核戦争を抑止するため、という動機もあるためである。

また、この条約は国連憲章に吸収されており、独自の存在意義は失われていると説く者も居る。それは同憲章が全ての武力紛争の解決は安全保障理事会が管理するという根本規定があることを指しているのであろう。然し、全ての戦争を違法とする思想が明示されたことの意味は、そのことにより失われるものではないと思う。

3、総論のまとめ

戦争法学、それは戦争をなくすための学問である。

戦争は国家間の武力闘争であるから、まず国家をなくすことを考えねばならない。然し、それは非現実的である。

全人類を一挙に幸せにすること、その実現のための組織は一夜にして作れるものではない。そのために、ある民族集団をその集団が組織する国家という括りで幸せにすることが現実に行われていて、その現実的効用は否定できない。然し、その効用の反面、国家間の利害は一致せず衝突することがある。それは国益と国益の衝突である。相互に相容れない国益の衝突が戦争を生み出す原因となることは歴史の示す所である。

では国をなくせば戦争がなくなるか、それは無秩序と小集団間の武力闘争を限りなく生み出すだけであろう。

従って、国という制度の中から戦争を生み出す要素を摘出して、それだけを除去することを考えねばならないことになる。その要素は国益至上主義である。自国の国益のみを追求し、他国の国益を省みない価値観が戦争を生み出すことになる。従ってその国益至上主義を排さねばならない。細かく言うと国益尊重はよいとして、至上主義を排さねばならない。それは単に有害なものとして至上主義を排するのではなく、むしろそれを高めて、人類至上主義との価値観を上位に掲げることではないか、と考える。それは全ての国家が目指すべき目標として全人類の幸福を捉えることである。

具体的に言うと、他国の国益をも尊重することが、国際社会に秩序と安定、平和をもたらす、それが自国の国益にも叶うという思想である。こうした考えが世界にあまねく行き渡ることが望まれる。

翻って、戦争法学がこのような目標を根底に据えようとするのであれば、それはもはや法律学の枠を超えてあらゆる学問、即ち哲学や経済学、社会学、政治学からもまたそれ以上に自然科学までも、全てを取り込み全人類に幸福をもたらす学問となることができるのではないか。

そのようになることは誠に喜ばしくかつ望ましいことである。今学問は各分野で非常に目覚ましく発展しており、その最高レベルの智を集めれば全人類に幸せをもたらす成果を上げることが十分可能だし、望まれていることでもあると信じる。

戦争法学　各論

第1章　戦争責任とはどういう責任か

1、民事責任、刑事責任

まず民事責任、刑事責任という切り口がある。

民事責任は、個人に対する賠償責任を対象にすることになる。なお本書の主旨から戦勝国から敗戦国に対する賠償責任は対象外とする。これまで、国家間の賠償問題は講和条約締結交渉の過程で、賠償の内容、即ち賠償の根拠、対象や金額などは決せられることになっている。それは法的理由付け、法的責任論（有責性や因果関係論）に基づいたものというより当事国の政治的事情や国際情勢を優先する政治的判断の結果、合意成立したものであって、法的判断や裁判制度とは程遠いものであった。従って、これらについても法理論を導入しようとする試みもなされて当然かと思われるのではあるが、それらは国際法や国際法学の範疇であるし、その守備範囲内とする位置付けが妥当であろう。そのため本書では検討、研究の対象外とする。

そこで民事責任、刑事責任という一般の法学で用いられている法体系の視点で戦争を見るとして、それは賠償の対象または処罰の対象となるべきどのような事象が「戦争」の中に生じているのかを知り、それらの実態を踏まえて考えねばならない。

刑事責任追求の対象とすべき事象については、例えば日本が起こした太平洋戦争についてなされた、いわゆる戦犯裁判を見ると具体例を知ることができる。民事責任追求の対象となるべき事象は、それに止まらずより広いものとなろう。例えば国による強制的行為である強制連行や強制撤去といったことは大部分が行政行為として、法令を根拠としての執行であることが多い。その根拠法が憲法等に違反するものであるため、違法な行政行為であり、それにより生じたとすべき損害賠償も請求の可能性があると思われる。然し、そういったことを漏れなく取り上げて論じる能力はないので、ここではそのようなこともあるのだという指摘に止め、より大きな網をかけた中での議論とさせて頂くことにする。

蛇足ながら、戦争責任には政治的責任という観念もあるかと思う。然し、それは国民の政治家に対する政権担当上の責任であり、辞職や選挙等の手続きにより追求されることなので、法的責任に並べて論じるのには適さないものである。

2、刑事責任、戦争犯罪

そこで一般的な法理論を用いて刑事責任、民事責任を問題にしようとすると、刑事責任は犯罪行為、民事責任は不法行為責任を追求できるかどうか、ということになる。

そして、刑事責任には「戦争犯罪」という概念が登場し、それを裁いたいわゆる「戦犯裁判」で用いられた「法」は次の三つの罪であった。

1．平和に対する罪

簡単に言うと、侵略戦争（敗戦国は勝戦国からみると、全て侵略戦争を開始した国であると決めつけられる問題がある）を開始することを企図し実行した者達がこれに該当する、いわゆる戦争指導者、国の上層部の者である。

侵略戦争の計画・準備・開始・遂行をした者の罪であるが、それらの罪を実行するための「共同計画」もしくは「共同謀議」をした者に対する罪でもある（国際軍事裁判憲章第六条）。このことからみると、「平和に対する罪」は必ず共犯を伴い、単独犯はありえないことになる。

そのことともう一つの問題がある。それはこの罪は評判の悪い「共謀罪」と結び付いて刑事責任の範囲も大幅に拡げる現象を生むことである。その共謀罪は、Aが計画した戦争をBが後から知って協力した場合、BはAがそれまでにしたこと（即ちBはしていないこと）に対しても責任を負うという理論である。戦犯裁判では、例えばニュールンベルグ裁判に続く十二の継続裁判で医者や弁護士・実業家らがこの罪で起訴された。

2．通常の戦争犯罪

戦争の法規または慣例の違反をした者、無差別攻撃や捕虜の虐待などが該当するが、敗戦国側の者のみが裁かれ戦勝国側の者は裁かれない。

3．人道に対する罪

この定義は次のような極めてあいまいなものであるが、「戦前もしくは戦時中に全ての一般人民に対して行われた殺人、殲滅《せんめつ》、奴隷化、追放及びその他の非人道的行為または犯行地の法の違反であると否とを問わず、本裁判所の管轄に属する犯罪の遂行として、もしくはこれに関連して行われた政治的、人種的もしくは宗教的理由に基づく迫害行為」と訳されている。

以上三つの犯罪類型を見るに、法律を学んだ者の眼には、第二を除く、第一、第三の犯罪類型の定義は如何にも不完全なものに映るのである。

それは、刑法の根拠原則として、「罪刑法定主義」というものが厳に存在しており、この主義に反する刑法の法規は容認されない、ということになっているからである。そしてその罪刑法定主義とは、犯罪を犯すより以前に存在しなかった刑法の適用（処罰）は許されないということなのである。つまり、捕まえてからその者の犯罪は何であったかを事後的に定めることは許されない、という意味である。また、別に犯罪とされるべき事実や行為が予め明確にされていることが必要である。定められた行為が不明確で、人によってまちまちの解釈ができるものは法的効力が認められないということでもある。犯罪になると認識することができなかった行為を禁じ処罰することはできない、ということである。

このようなことを根底から叩き込まれている者からみると、第一の類型は戦争といった違法行為を始めた者を罰しようという趣旨は理解できるものの、具体的にはどのような行為がこれに該当するということになるのか、対象は広くもなるし狭くもなるのである。

例えば、太平洋戦争における日本の開戦の責任は、その意思形成の過程をみても決して明らかではない。昭和天皇は戦犯として起訴されなかったが、最大の戦犯と言う者も居る。だが、そうではなくて実質的に開戦を決した者は別に居る、即ち、最終の御前会議に出席した者達か、戦闘開始を指令した者か、またはこれに代わる実質的な開戦決定者がこれにあたるのではないかといった問題があって、それは行政組織との関連で、誰がどのような権限を有して決定権がどれ程あったのか、ということも判断に加える必要が出てくるであろう。

こういった問題が生じるということはとりも直さず、第一の類型のこの定義が不完全であることを示しているのである。この定義を盾に裁判をすれば、裁判官次第で色々と、不統一な判断が下されてしまうであろう、ということは容易に想像できるのである。

更に、この裁判を戦勝国が主導するとなれば、敗戦国がこの法を用いて戦勝国を裁くことはないのであるから、勝った国が敗けた国の将軍達を報復目的で処刑するのを正当化し、自らは正義のために戦い勝利した、という体裁をとることに利用されかねない。裁判とは公正即ち公平で正義に叶うものでなければならないものであるのに、暴力的で野蛮な行為の隠蔽の目的に利用されてはならないということである。

東京裁判でインドの代表判事を務めたパール判事は、ハンス・ケルゼンの「戦争犯罪人の処罰は国際正義の行為であるべきであって、復讐に対する渇望を満たすものであってはならない」という言葉を引いている。そのためには、第一の類型の「平和に対する罪」についてはより具体的な定義が必要、との結論に至る。

第二類型の通常の戦争犯罪についてみると、これにも色々な説明がなされている。例えば「戦争の法規または慣例の違反。この違反は、占領地所属もしくは占領地内の、民間人の殺害、虐待もしくは強制労働もしくはその他の目的のための追放、俘虜もしくは海上における人民の殺害もしくは虐待、人質の殺害、公私の財産の掠奪、都市町村の恣意的な破壊または軍事的な必要により正当化されない荒廃化を包含する。ただしこれに限定されない」といった説明がある。

これによれば、殺人や虐待や破壊、掠奪などが問題とされているが、その大部分は戦時でなくても刑事罰に相当する犯罪行為ばかりである。従って、これらを犯罪として問題にしようとする法規は戦闘中に行われることから免責、不問にされる（正当化されることはないであろうから免責）事由を探求することの方が、アプローチとしては適しているのではなかろうか。

第三類型「人道に対する罪」についての説明は、例えば「戦前もしくは戦時中に全ての民間人に対して行われた殺人、絶滅、奴隷化、追放及びその他非人道的行為または犯行地の国内法の違反であると否とを問わず、本裁判所の管轄に属する犯罪の遂行として、もしくはこれに関連して行われた政治的、人種的もしくは宗教的理由に基づく迫害行為」とされている。この罪による裁判例は乏しいので、裁判所がこの罪をどのような理解で判決に用いたのかは不明である。

そして、戦争そのものが人道に反する行為であるから「人道に対する罪」ということ自体から何か具体的な意味を導き出すことは困難と言う外はない。

これまで検討した結果として、第一ないし第三のいわゆる戦争犯罪なるものから、それに該当する具体的犯罪行為例えば「他人の財物を窃取する」とか「人を殺す」といった形のものを類型的な行為として示すことは困難であることがわかる。

その理由は、既に個人に刑事責任を問う刑法は存在しているので、その他に特に「戦争犯罪」として別に何を加えることができるのか、という問いである。この問いに答えるのが困難なのである。そして、その困難さはどこから来るか、ということになるが、一つはそれが軍隊組織の形でなく、個人の行為という形での犯罪としなければならないということである。それにもかかわらず、その動機目的が軍事行動の一環としてなされることによるものと思われる。

まず、軍隊組織の犯罪として、典型的に行われるのは村民の虐殺といった行為であり、主にスパイやゲリラの討伐という目的で行われるがそれは戦争の勝利のためであるとして、実行行為者は処罰を免れるかも知れない。また実行行為を命令されたことに対する抵抗義務または、命令拒否権があるのにそれを行使せず（不作為）命令を敢行したのであるからという理由での免責を認めないという結論もありうる。そして、その理由付けも種々の構成が考えられる。戦犯裁判の実際においても上官の命令には絶対服従するべきであるとして免責が主張されるが、仮に命令であってもその一言を以ってのみでは原則として免責されない、という法理も展開されているようである。また、ゲリラ戦は戦闘の一形態であるから、その討伐は戦闘行為そのものであり、これをしなければ軍隊は攻撃を受けて多数の兵員が殺されるという関係があったかも知れないのである。その場合は「戦闘行為」という正当行為として違法性がない、ということになるのかも知れない。

このように考えを進めて来ると、「平和に対する罪」も「人道に対する罪」も、法的なものとして確立させることは諦めるべきであるかも知れない。然し、この二つの戦争犯罪類型は大戦の生み出した新たな概念であり、しかも既成概念では戦争犯罪を罰するには足りないのでそれを補おうとして考え出されたものである。

その概念は不完全かも知れないが、その目指す所を汲んで不足を補い完成させる努力をすべきではないかと考える。

その思考方法として、例えば刑法であれば、窃盗や強盗といった財産犯の類型や殺人、傷害といった身体を害する罪の項目があり、その分類項目の下に具体化された窃盗罪や強盗罪、詐欺罪、殺人罪や傷害罪といった具体的犯罪の規定がある。それにならって例えば「人道に対する罪」の下に「人種や宗教を理由として、それらに属する者を大量に隔離し殺害する行為を計画し、実行を指示した者」「それを実行した者」といった具合に規定を置くのである。それらの罪には主犯の外、従犯としての教唆は幇助の罪（共犯者の罪）も認めるといった努力がなされるべきである。

それには、戦争中どのようなことが実際に行われたかを知らなければならないが、それは後に述べる。

３、賠償責任

「戦争犯罪」の語はあるが、民事責任に関して「戦争民事責任」という語はないようである。然し、戦争に関連し戦争中だから起きる特有の不法行為の類型はある。それは広範に亘りとても網羅することはできないであろう。即ち、国や軍隊による行為の大部分は不法行為に該当する（即ち戦闘行為は全て不法行為と言える）ので、その中から特に何かを取り上げるのは、事実の確認をなしえないことも多く、一般に認識されるのは氷山の一角にすぎないからである。これが民事戦争責任の特徴の一つである。更に、それは加害者が国や軍隊という暴力組織であり、武器等の実力を背景に行う行為であること。その目的は戦争に勝利するためである。戦争は色々理由を付けて始められるが、始まってしまうと目的は勝つこと、敗けないことの一点に絞られる。当初の目的を離れて勝利のためには全てを犠牲にするように変質してしまうのである。然し、戦争だから何をしても許される式の考えは是非改める必要があり、そのための努力を惜しんではならない。

戦争行為が殺し合い破壊を基本とするなら、基本的に戦争に従事する者の行為は全て違法性がある、としなければならない。ただ戦闘は相手からも攻撃を受けるのを前提としているし、戦争従事者はそれを受け入れて戦闘行為をしているのであるから、自招危難の如き法理が働いて免責される、といった法律構成も検討すべきであろう。要するに殺人罪にあたる行為がどのような法律構成により不法行為責任を問われないのか、という論理の組み立ての問題である。

そこで戦争民事責任について考えると、それを生じさせる行為の特徴は先述のようなことになるが、敢えてその内容を分類すると、その行為は生命身体に対する行為と財産に対する行為とに分けられる。

生命、身体に対する行為として、我々は村の焼き打ちや南京虐殺の事例について知っているし、強制連行と労働、慰安婦への強制、強制移住、過酷な強制労働や行軍といった事例も知っている。

財産に対する行為としては、建造物の破壊、食物や財貨の掠奪といったことが考えられる。また、被害者の中には加害国の兵士等軍隊組織の下部の一員も加えねばならない。無謀で兵士の安全を配慮しなかった作戦や指揮官の責任も問題にすべきだからである。

これらの行為について誰が責任を負うべきであるか。実行者でなく、むしろ命令者がいわゆる使用者責任というべき立場で責任を負うべきである。然し、この問題で判決を獲得しても法的責任を負うべき者が賠償の資力に乏しいということが現実問題として現れる。そこで、むしろそれらは全て国家に責任が認められるか、という視点から、即ち賠償の資力のある国家をいつの場合でも問題にする方が現実的である。国家を請求の相手（被告）とすることはできないかという考え方である。

ところで、民事責任の追求については法律上様々な問題がある。

例えば、韓国で行われた徴用工の裁判がある。徴用工は当時日本国民であった。この裁判では韓国人として韓国の訴訟法により韓国法に基づく賠償を求め勝訴したのであるが、その判決に基づく日本での財産差押さえなどはできないのである。その権利はどうなるのか、困難な問題である。（なお、この問題は前述した戦争法学　総論の第2章　5、請求権放棄条項の効力で述べた所を参照）。

第2章　戦争責任を巡る特有の問題

1、戦争犯罪に対し国家とは別に個人の責任を問うことができるか

戦争は組織で行われるが、その中で特に悪質な働きをした者を、個人として取り上げて犯罪者として裁くのが戦犯裁判である。そこで国家と軍隊組織とは別に個人の刑事責任を追求することができるか、というのがここで取り上げる問題である。

――東京裁判ではこのことが一つの中心的問題になった。

その議論の内容を見てみよう。

そして、これは一般的な法理論を前提としても、当然現れる問題でもある。決して特殊な問題ではない。東京裁判で、この問題がどのように取り扱われたかは、戦争による刑事民事責任を定める上で先例として非常に重要である。

まず、戦争犯罪が戦争による刑事・民事責任を生じさせるとすれば、戦争犯罪とは何のことか、をはっきりさせる必要がある。

問題とされる罪は前出の「平和に対する罪」と「人道に対する罪」である。

第二次大戦の戦争犯罪者は、ナチスドイツに対する「ニュールンベルグ裁判」及び日本に対する極東軍事裁判即ち東京裁判で裁かれたのであるが、その時適用されたのはそれまで国際法では前例のなかった二つの犯罪、即ち「平和に対する罪」と「人道に対する罪」であった。このことについては罪刑法的主義の見地から、事後法（犯人を捕まえてから、刑法を作って適用する）との批判が強いのである。

この事後法による裁判はどのような理由付けにより可能なのか、即ち有効な判決をなしうるのか、ということは重要な法理論の研究分野ではある。

然しここでは、対象を広げ過ぎないようにするため、事後法として「平和に対する罪」が有効に適用されうるとして、それが個人に責任を課すことが可能であるかということについてのみ検討してみることにする。

東京裁判に関する著述を読んでみると、この「平和に対する罪」は戦争を準備し、あるいは開始し、あるいは開始する目的を以って犯された犯罪」ということになりそうである。
もっともここで戦争と言われるものはパリ不戦条約上、自衛のための戦争が除かれるので侵略戦争に限られるのである。ただし、その侵略戦争の定義は定まっておらず、あいまいな概念として放置されているので、これまた一つの研究対象なのではあるが。

ところで、この「平和に対する罪」の定義によると、戦争を開始したり準備したりすることのできる者は当然、国家機関における枢要な地位にある者（大統領や首相といった国家元首にあたる者）ということになると思われる。問題は、このような地位にある者が、戦争を開始させた行為は公務であり、公務員として行った行為である。戦争を開始させる判断があり、それに従って開戦がなされたとしても、それは国の行為である。つまり、判断した公務員個人の行為ではない。それを国の行為から切り離して個人として処罰し、刑事責任を負わせることが可能であるか、という問題である。それを法的にどういう理論を用いて根拠付けるのかである。そのような発想は東京裁判以前の国際法には前例がないものであった。

ニュールンベルグ、東京の両裁判を始めるにあたり、戦勝国内でも、この問題は指摘され議論がなされていた。

リチャード・H・マイニア著『東京裁判 ―勝者の裁き』福村出版（63頁以下）では、フランス代表は「侵略戦争を開始することは、国家にとって犯罪になるかも知れませんが、だからといって、戦争を開始した個人が犯罪をなしたことになりません」と主張したし、ロバート・ジャクソン（ニュールンベルグ裁判の主任検事、最高裁判事、米代表）さえも、この点に関する困難を認めていたと述べている。つまり、このままでは、被告側がこの主張をした場合、裁判所は、「個人の責任は生じない」（即ち無罪）との判決をすることになるかも知れない、と恐れているのである。

米国人により指名されたジョセフ・B・キーナン主席検察官も東京裁判の冒頭陳述で被告らに個人的責任を問うには国際法上先例がないことは認めながらも、「先例がなくても文明により裁かねばならない」と強弁している。

国家の組織がした戦争行為についても、それは違法な侵略戦争である以上国家が責任を問われるのは当然である。然し、別途それを敢行した政府の構成員の個々の行動や判断は、国とは別個に責任追求の対象とはならない、とするのが法律の常識に適うものである。

然し、東京裁判でフランス代表であったアンリ・ベルナール判事は「個人が自分の行為によって負わねばならなくなった責任は、団体の責任の陰に隠すことはできないことも疑いのないことである、と説いて団体の構成員であっても、団体とは別に個人として責任を負わねばならない場合があることを認めている（大岡優一郎著『東京裁判 フランス人判事の無罪論』文春新書 74頁）。たゞ別途「戦争犯罪が起きた時点で、閣僚や指揮官という地位に居たから、という理由だけで（中略）広範な責任を課すことはできない」とも説く。実質を審査の対象とすべし、ということであろう（前掲書　１３７頁）。

2、組織の構成員個人の責任発生の根拠

戦争犯罪の責任追求に限らず、軍の不法行為という賠償責任追求の場においても、この軍隊の構成員としての個人責任を認めるための法律構成は常に問題になるのである。

法人格は国家も含めて法の世界で生み出された一つの擬制である（法人実在説など）。然し、法人（国家も含めて）が法人の組織を動かしてなす行為は、あたかもそれは自然人がなす行為と同様に評価されるのであって、その法人とは別にその組織を構成する個人が責任を負う、とする判断や思考方法はそれと矛盾し相容れないことになるのである。

例えばピストルの引き金を引いて弾丸を発射させ、人に命中させ殺したとする。その実行行為者を殺人罪で処罰する外、そのピストルの引き金を引いた人差指をその実行為者と切り離して別個に処罰する、といったことにならないか、ということである。

ただし、このような問題は株式会社法の代表取締役等が第三者に与えた損害に対する賠償責任を認める規定（会社法第三百五十条）に類例があることを想起させる。

このように戦争中の刑事、民事責任を問題にする場合、多くは軍隊という組織による行為であることが特徴的である。そして、組織の構成員をその組織から切り離して別の責任を負わせることになるのであるが、その基本的な理論をどのように構成すべきであろうか。

具体的に述べるなら、例えば、上官が兵士に攻撃命令を出し、兵士はそれに従って銃を以って敵を攻撃する。それは平時なら殺人の実行行為である。それが何故殺人罪という刑事責任を生じさせないのか、という論理をどう構成するかの問題である。

それには、そういう戦闘行為は犯罪とならないのだ、という説明もあるだろうが、それは論理的ではないし、説明にもならない。何故ならそれを認めると、同じ行為なのに一方は殺人罪、他方は殺人行為でない、と言わなければならなくなる。それが何故そうなるのか、の説明こそ求められているのである。

つまるところ、銃を以って敵を攻撃するのは、敵も同じ攻撃をする権利があるからだ、と言うか殺人行為には該当するが、上官の命令に従わざるをえず、抵抗が許されないから免責されるのだ、と言う外はないと思われる。そして、その免責は責任を追求される側の免責事由ということになるが、それが認められるには一定の要件が必要となるであろう。それは、上官の命令に対し抵抗または不服従の態度を取る余地がなかったという抵抗権を想定すべきことになると思う。そして、その理論の深化が求められると考える。

更に、東京裁判のインド代表のパール判事の次の発言（記者に対する）は、より深い問題を提起する。「彼らは殺人に気を病んでいるか。これはまことに疑わしいことであります。これは戦争自体が彼らの行為を正義であり、敵を不正だと決めつけているからではなく、その行為が殺人罪ではないからであります」。これはアメリカの原爆投下に関しての発言であるが、要するに、戦斗が犯罪行為にあたる、との認識そのものが欠けている、というのである。法律を学ぶ者にとって「法の不知」が免責理由となることはない、というのが常識ではあるが、現実とのギャップは認めなければならない。法知識の普及によって。

また、上官が大量の者を殺すよう命じたとき、その命令に従った兵士の責任はどうなるか、という問題がある。東京裁判に続くＢＣ級戦犯の裁判などで、その問題が取り上げられ、「それは免責の主張とはできない」という結論が出された。大沼保昭教授は「上官の命令があったということだけで実際に手を下した者を許せるだろうか」と言い、これを抗命の権利、義務と捉え「抗命の権利と義務の間には大きな差がある」と説いている（大沼保昭著『東京裁判、戦争責任、戦後責任』東信堂　１５８～９頁）。抗命の権利は、軍法上の兵士の義務、国民の国家に対する忠誠義務等がからんで来るのであるが、抗命義務は、本人の良心や国際法上の義務そして抗命の期待可能性といった要素がからんでくる。自分一人が命令に抗しても如何ともし難い状況だったらどうなるのか。そういった諸々の事実が判断にからんでくる。

そして大沼教授は「人間に完全を求める」という傲慢から果たして自由であったか、と戦争責任追求論者に問い、普通の人間が軍隊に組み込まれることにより、上官の命とは言え残虐な行為をするようになる反面、そのような者に上官の命令に反抗する、といった英雄的行為を求めることはできない、とも言う。

然し、抗命の権利、義務を何らかの形で認めなければ、そしてそのことを根拠として残虐行為を罰せねば戦争とその中で行われる残虐行為を抑止することはできない。第一それがないと戦犯裁判が公平な裁きとは認められなくなる。つまり残虐行為が罰せられないような裁判であれば、それは正義や公平を欠くものとなり、罰せられるべき者が罰されず網の目から漏れた不完全なものとなってしまう。つまり、それは被害者から見ると、正義に反し、期待はずれの結果になる。

このように抗命の義務はその行動をとらなかった者に、それに基づく罪責を負わせる根拠となるものであって、その行為はいわゆる不作為である。不作為の罪を問うのは、「作為義務違反」であるが、そこではどういう作為が求められ、それは何故求められて義務になるのか、ということに答える必要がある。

先述のようにそれは本人の良心に従うべき義務があるのだとか、国際法に基づくのだとかの根拠がありうる。その国際法というものこそ、如何に上官の命令とは言え人道に反する行為はしてはならない、ということになるであろうか。そのような内容を含有する国際法はどこに存在しているのだろうか。東京裁判のフランス代表のベルナール裁判官のようにカトリックの教えに導かれる自然法に根拠を求める以外に途はないのかも知れない。

3、韓国の元徴用工の問題

韓国の最高裁は、韓国人の元徴用工が新日鐵住金や三菱重工業に対して、徴用工として働かされたことに対し損害賠償の請求（慰謝料の請求のようである）を求めて訴訟上の請求をしたのに対してそれを認める判決を下し、話題になっている。

これも戦争に関連して、国と個人との関係を考えさせる問題である。

この訴訟について新聞記事以外の資料を持たないので正しい論評をすることはできないが、新聞報道を見る限り日本政府は「元徴用工への賠償は、一九六五年の日韓請求権協定で放棄されており解決済み」と主張しているようである。そして韓国最高裁は、元徴用工らのこの請求権は日本政府が放棄されている、という請求権協定の対象外（即ち、放棄された権利の中には含まれていない）とするもののようである。

ここで問題だと思うのは、韓国政府は請求権協定を締結するにあたり、元徴用工の損害賠償請求権を放棄する資格、権限を有していたのだろうか、ということである。

政府がその国民一人一人が持っている私的権利である損害賠償請求権を放棄する旨の協定

を結んだとしても、その効力が元徴用工にも及ぼされるためには、政府がそれら元徴用工から放棄する権限、即ち処分権を与えられていることが必要であり、それが前提ではないのか、という疑問である。それは協定の適用内か外かという問題ではない。国際法上、国民とそれを代表する国との内部関係をどう構成するかの問題である。もし日本政府が言っているように、この問題を国際裁判の判断に委ねるとしたら、この問題は避けて通れないし、日本側に有利な判断が下されない可能性もあると思われる。

この事件と判決に対しては、例えば元徴用工は日本国民であったのかということ、つまり元徴用工は当時日本人であったから、日本法による裁判をするべきか、韓国人であるから韓国法による裁判をすべきなのかも問題である。そして、このことは時効や除斥期間の問題に適用されるのはどの国の法なのか、という次元で影響があるかも知れない。

このように韓国の裁判所に人的管轄は認められるか、といったことや徴用を可能にした法は戦時立法として、戦争と関係するものであるか、等々確かめねばならない事項があって軽々に判断することは難しい。ただし、韓国の司法が下した判断については尊重しなければならないということは明らかである。

　そして、このように戦争関連の事件が発生する度に、戦争法学の必要性を痛感する。このような問題には適用法や管轄権の問題もからむので、理論上賠償請求権あり、と言えてもその実現にはもう一つのハードルがある、ということになる。それも今後の研究課題なのである。

　被害を受け、法的手続によりその賠償を請求しようとする者は、加害者側の属する国の法律によりその請求ができ、被害の回復が可能であるような法理論が求められるところである。

　そしてその訴訟手続において、加害者として必ず国を被告に加えねばならない。被告には免責の主張立証が認められるが、戦争責任を負うべき者として国を巻き込むことが構想されるべきではないかと強く考える。また、そうすることが「戦争民事責任」の特質とされることになるものと考える。何れにせよ、このことについては更に深い考察と研究が必要だと思われる。なお、この問題については、次の「4、民事責任の追求の具体的提案」で述べる内容と共に、「戦争法学　総論の第2章 5、請求権放棄条項の効力」も参照されたい。

4、民事責任の追求の具体的提案

刑事責任追求については、民事責任の追求の企てに比べ、遙かに容易である。刑事責任追求を完全に公平・平等に果たすのは非常な困難を伴うことは事実であるとしてもである。

一般に民事責任を追求しようとすれば、最終的には民事裁判手続きを利用することになる。然し、そこでは請求する者が相手に対し請求を根拠付ける「不法行為」となるべき事実を主張し、法的に構成しなければならない。そして、更にそれの証拠を示すという裏付けをしなければならない。戦争被害は多種多様であるから事実関係を調査し、証拠を集めることの困難さは、通常の民事訴訟の場合とは比べものにならず、殆どの場合不可能とさえ思われる。

例を挙げて考えてみよう。徴用工の賠償請求について、裁判がどのように行われたかは知らないが、想像するだけでも、①自分が日本軍または日本国の何らかの機関、企業によりある地から強制的に作業従事地に連行されたこと（できる限り、その日時、場所を明確にする）②そこで強制的に作業に従事させられたこと、それも日時や期間、強制の具体的状況③更に暴行や強迫などの虐待、食事や宿舎や健康管理上の問題、つまり劣悪な環境で労働させられたことなどを立証すべきこととなろう。然し、これは相手方が公的資料として作業内容や従事者の記録を提出しない限り、個人の力では到底なしえない難事であることがわかる。

一般民事の事件においては、例えば交通事故の裁判では、警察官の作成した事故の実況見分調書や有罪判決の出された刑事裁判記録を利用することができる。然し、戦争犯罪の裁判記録では例えば個別の殺害行為を詳しく取り上げることはしていない。そこでは「多数者を殺害した」といった大まかな認定で「いつ誰をどこで殺した」といった具体的認定はなされていないと思われる。刑事判決では、そこまでの認定はしなくても判決することは可能だからである。従って、民事責任の追求の場で戦犯裁判記録は、一部の例外を除いて期待できないのである。

然し、戦争被害者の民事責任の追求は、そのままでは泣き寝入りとなる。見て見ぬふりをする、それでよいのだろうか。考えてみる必要がある。「戦争なのだから、何をしても許される」ということがあってはならない。許されないことであるとする立場からは、その救済策が考察されるべきである。

私案として、政府の権限行使による支援ということを提案してみたい。その構想は、賠償請求の訴を起こそうとする者を政府が支援する仕組みである。その支援を求める者は、一定の要件を満たす必要がある。

その一は、多数であること。多数者の問題であれば、社会問題として政府の介入義務が強くなるし、少人数の個人的問題であれば、公平性に問題が出てくる。

その二は、勝訴の見込みがあり、正当な権利行使であることが保証されねばならないということ。その申請に対して政府は審査を行い、支援の可否を審査することになる。政府のこういった支援に対して応じなければならないのは、憲法第十六条の請願権の規定に根拠を見出すことができると考える。同条には「何人も、損害の救済…の事項に関し、平穏に請願する権利を有し」と明記されている。また国民が権利を譲るため損害賠償請求をしようとする者を支援することは、国が国民に対し果たすべき基本的義務である筈である。

そして支援の内容は、証拠となる記録や証人の捜索に始まり、場合によっては訴訟に参加する等して訴訟を有利に進める協力支援にまで及ぶようにすべきである。その中で、相手国との間で外交ルートを通じた資料の提供や和解の試みもありうる。ただし、当事者の意思を最大限に尊重する支援でなければならないことは言うまでもない。
そして、このような制度が確立されていることが、戦争を抑制し、または戦争中の暴走行為の抑止力となることは間違いないと考えられ、正義が世に行われることでもある。

なおここで考えておくべきことがある。政府が介入し、支援する賠償請求の当事者は、国民が敵国ばかりでなく自国を訴える場合にも機能し、戦争当事国の国民でない第三国の国民も利用しうる制度でなければならない、ということである。というのも戦争を起こすのは為政者であり、その被害を受けるのは一般国民、庶民であることが常であり、救済されるべきなのは戦勝国民も敗戦国民も第三国の国民も同等であるべきだからである。私のこの提案は、戦争をした両当事国の為政者の国民に対する罪の償いであるとの考えに基礎を置くものであるからである。

戦争が終わったら当事国は「戦争問題処理庁もしくは委員会」といったものを設置して、戦争の被害の実態を調査し、賠償すべき事象や事件はないか、といったことを明らかにし、救済支援に乗り出すべきである。その救済の網から漏れた者が、訴訟等を起こしたときは、これに積極的に協力する、といった業務や責任を負わせるものである。

不完全かも知れないが、国として、これ位の責任は果たすべきであるし、主要な被害は殆ど償われることになるのではないか、勿論、政府の熱意次第ではあると思うのだが。

第3章　事実と責任の追求

1、罰せられるべき行為や賠償責任が認められるべき戦争中の諸事実について

これは戦争被害が実際にどのように生じ、またはどのような形で出現するのか、という現実面からの検討である。その検討により戦争という特殊な状況下における加害行為、被害発生の実態を知り、それにより現実に根ざした法理論を打ち立てることが可能となるものと考える。

この点で林博史著『ＢＣ級戦犯裁判』（岩波新書）の貴重な研究が大いに参考になる。その中において三種類の戦争犯罪の類型が示されている。

一．アジア民衆への犯罪
二．捕虜への犯罪
三．女性への犯罪

というのがそれである。この分類は被害者側から犯罪類型を見るものであり、戦時下で行われる犯罪行為や不法行為の実態を知るには是非必要な視点である。

この書は太平洋戦争でのＢＣ級戦犯の裁判を対象としているので、アジア民衆への犯罪、と限定的に述べられてはいるが、戦争の中で行われる刑事事件の實相を知るためには有益な研究なのである。


そのアジア民衆に対する犯罪は二つのタイプに分けられるが、一つは組織的集団的な住民虐殺であり、更にそれは、ゲリラ討伐の名目で現地で殺害が行われるケースと、いったんは捕えて警察署や刑務所などに留置してから集団処刑する場合があるという。

もう一つは抗日活動などの容疑で逮捕した者に拷問を加える等の中で殺してしまうケースである、という。

代表的なケースとしてシンガポール攻略後に華僑粛清事件とそれに続くマレー半島での華僑の大量虐殺事件が挙げられている。これらの事件には見せしめの意図、勢力誇示により抵抗心を殺ぐ目的もあったかと思われるが、根拠も薄弱な中で行われた無差別大量殺人だと思われる。軍事目的たる勝利の獲得の必要不可欠な行為であったかということから見ると、明らかに行き過ぎであり、違法性は強いと言わざるをえないが、一方で戦争という状況の中で生じる敵に対する恐怖や不安という特殊な心理がもたらす、平時では起こりえない悲惨な結果であるとも思える。

そこでは他に多数の住民虐殺事件が挙げられているが、筆者は「戦犯裁判は、民衆の怒りを捜査への協力に誘導し、これは一種の報復になるので直接の報復を抑制する機能を果たした」と述べ、更に「戦犯裁判と政府間の賠償によって日本の残虐行為の償いは全て終ったと考える日本人との間には、あまりに広い溝がある」とも述べている。これらは誠に傾聴に値するもので、このような地道な研究を行った者にして初めて言えることであろう。

ここで、前者で取り上げられた、華僑粛清事件の概要に触れておく。大量虐殺の実態を少しでも理解するためである。この事件はシンガポールを陥落させた後に行った大量虐殺である。シンガポールの人口の八割を占める華僑が、日本軍の中国本土侵略に対する祖国支援運動として、中国を支援する活動を行っていたため、反日的であるとしてシンガポールに占領後粛清を行うことにしていた。三日の間華僑男子を市内五カ所に集め、義勇軍に入っていた者らに該当者は挙手するよう求めて選別し、トラック等で海岸や森林の中へ運び機関銃の一斉射撃により殺害した。殺害された者の数には触れられていない（少なくとも数千人とされている）が海岸などで行われた処刑では死体が海に捨てられる等したため、その数は知ることができないと思われる。

更に著者は「石垣島事件」を取り上げている。それは米空軍のパイロット三名が撃墜されて捕虜になって処刑された事件であり、本来ならば「通常の戦争犯罪」である捕虜に対する保護義務という条約違反として罪を問われてもよいかと思われる事案である。然し、その処刑は米兵の二人は日本刀で首をはね、残る一人はまず指揮者の一人が銃剣で刺してみせその後約四十名の部下に順番に刺突させて処刑した、という残虐なものであった点に特異性が認められるのである。

被害者は少数であるものの、その処刑方法が残虐であることから、通常の戦争犯罪として罪責を問うのは不十分であり、「人道に対する罪」の中に処罰規定を設けるのが望ましいと思われるのである。

2、「人道に対する罪」の人道の意味

第二次大戦は、人種や宗教を異にする者を絶滅させようとして戦争の手段が採られたのが特徴的であった。それは、戦争の動機目的としては前例のないものであった。即ちそれは、ヒトラーによるユダヤ人虐殺やスラブ民族絶滅を企図した独ソ戦などである。この中で、ユダヤ人虐殺は、確かに人道上許されない行為ではあるが、大量の拘束や虐殺という行為にもかかわらず、そこには戦争という形はなかった。その虐殺は戦斗行為として行われたものではなかったから、戦争犯罪としてその中に位置付けることは原則としてできない筈である。ただし、そこに軍隊が関与して軍事行動の一環として行われた行為があれば、それは戦争犯罪ということになる。

然し、従来にはなかったこの特徴は「人道に対する罪」として裁くことの必要性を生み出したのである。

以上「人道に対する罪」について、これまで論じてきたが、この罪の「人道」とは何を意味するかと考えると、それを一義的に表現するのは困難だということに思い至る。

例えば、殺された者の数が何万人という大量になると、それだけで人道に反する行為であると感じる。次に前述の石垣島事件のように殺された人数が少なくても、殺し方が残虐であれば、人道に反する行為と感じる。また宗教や政治的信念を理由とする殺害では、基本的人権という重大な価値の侵害という意味で人道に反すると感じることがあるが、戦争犯罪として一般の犯罪と区別するには一定の人数の被害者の発生が必要ではないかとも思う。憲兵といった者一人の行為で、一定の期間内に多数の被害者を生み出したような場合、人道に反する戦争犯罪の成立を認めることもありうる。一人の加害者が一度にではなく、長時間に亘り多数の死亡者を生じさせ、それが人道に反すると言えるようになる場合である。そのような場合にも、戦争犯罪の成立を認める必要があると思われる。

まとめると、「人道に反すること」の要素としては大量の殺人、殺人手段の残虐性、基本的人権の中の重要な権利、即ち人間の尊厳を形作る根幹部分の侵害（即ち人間性の侮辱的全否定）といったことが挙げられる。中にはそのどれか一つでも、反人道的と言える場合がある一方、残虐性にある数量が加わることにより、反人道的になるといった組み合わせを考えねばならない場面もある。

例えば、核兵器の使用は、そのことだけで反人道的と言えるが、生物化学兵器の使用の場合は、一定量の被害発生がなければ、反人道的ということができない、といった具合である。後に述べる無人兵器の問題もある。そのようなことから「人道に対する罪」の規定は、以上挙げた諸の要素に応じて考究されるべきである。

第4章　刑事処罰規定の検討

1、以下、「平和に対する罪」や、「人道に対する罪」の内容となるべき諸規定について、考察してみる。具体的なイメージを持って頂くためである。

それは戦犯裁判に用いられる「戦争犯罪処罰法」についての考察ということになる。勿論これらは、ドイツ戦犯を裁いたニュールンベルグ裁判や太平洋戦争の日本人戦犯を裁いた東京裁判や、ＢＣ級戦犯裁判に用いられるべき法という想定によって、それを普遍化しようとする試みである。

第1節「平和に対する罪」

これは戦争を企てたり、開戦の指令をして戦争を開始したりした罪の類型である。

例えば独裁者ヒトラーのような場合は、誰が主犯的で罪に問われるべきであるか、明確である。然し、更に独裁者一人に罪を負わせれば済むのか、ということになると、問題は簡単ではなくなる。つまり、その側近として、これに積極的に関与した者や、制止できた地位に居たのに、その制止行動をせず座視した者の責任は、やはり問われるべきではないだろうか。

太平洋戦争においても、昭和天皇が統帥権者として最終的責任を負うべきであろうか、それとも実権を持って開戦を積極的に推進し、昭和天皇に働きかけた者の方に、より重い責任を負わせるべきではないか、といったことも考えねばならない。

太平洋戦争の開戦は、どのようにして裁可されたのか。対米英開戦の最大の推進力となったのは、参謀本部や陸軍省の中堅幕僚だった、という見方もなされている（吉田裕著『アジア・太平洋戦争』岩波新書）。具体的には、「天皇の親裁」により、最終的国家意思が確定されるという手続きがとられていた、という制度の中で、昭和十六年九月六日の御前会議では「帝国は自存自衛を全うする為、対米（英蘭）戦争を辞せざる決意の下に、概ね十月下旬を目途として戦争準備を完整すること」と決せられている。そして、十一月五日の御前会議で、実質的な開戦決定がなされたとされている。そのような流れの中で、昭和天皇の立場をどう見るかについて、種々の見解があるであろう。然し、大きな流れの中で、昭和天皇はヒトラーと比べれば、少なくとも積極的開戦推進論者ではなかったと言うことができると思う。開戦の結論を出した昭和天皇の立場は、周囲の圧力や時代の流れという外圧に負けた、という見方もできるのであるが、そのような理解の中で、どのような「平和に対する罪」即ち開戦した者の刑事責任を問うか、そのため、どのような条文を用意するべきか、というのが問題なのである。

考えておかねばならないのは、この処罰規定は、あくまでも戦争の阻止のために有効なものであるべき、ということであって、戦争の終わった後、報復的に罰を与えようとする目的は重視するべきではない、ということである。一般的な話であるが、ある事件事実の責任を問う際、事後的に責任を問題にする場合には、報復感情が入って、客観的な責任追求を妨げることがある。然し「平和に対する罪」での責任追求は、報復感情の充足のためではなく、過去の失敗に学び、再発を防止する目的でなされるべきである。

そのような立場から太平洋戦争における戦犯の刑事責任の追求のための刑罰法を考えてみるならば、再び同じ過ちを繰り返さないための責任を明らかにする目的で定められるべきである。そうすると、戦争を実質的に（場合によっては、目的達成のためには天皇の統帥権を発動させることもして）主導した者を主たる対象とし、それに共犯者を裁く規定も置くべきであろう。

逆に言うなら、ある者の権限や地位そのものから直接戦争犯罪たる「平和に対する罪」としてその罪責を問うべきではない。即ち天皇は統帥権を持っていたからということだけで、ストレートに平和に対する罪で処罰されると結論するような思考方法は控えるべきである。そのような態度では、真の戦争責任は明らかにされず、戦争の再発防止の力とはならないであろう。それは一種の思考停止であると思う。

太平洋戦争の東京裁判で、昭和天皇は訴追されなかった。それは米国が握っていた検察権が訴追権を行使しない（免訴）としたためであり、それは占領軍最高司令官のマッカーサーが本国に強く訴えたため出された結論であった（豪やソ連は、それに反対したのであるが）。そのことで昭和天皇に戦争責任がないと結論されたのではないことは明らかである。

戦後七十五年となる現在の日本で、昭和天皇の戦争責任に触れることは極めて慎重でなければならない。従って、これまで述べてきたことは、あくまでも戦争責任について考えてもらうための仮定の論考であって、私が決して昭和天皇に戦争責任があるとかないとか考えているものではないことをお断りしておきたい。ただ、一部の国民は、昭和天皇に戦争責任を負わすべきだと主張するかも知れない。然し、そういう論者に言いたいのは、あの太平洋戦争は、天皇を中心にした日本国民が、一部の少数の例外を除き一体となって、総力をあげて連合国軍と戦ったのではなかったか、ということである。そうであれば、昭和天皇一人に責任を押し付けて自己の責任を不問とするのは、責任転嫁ではないのか。共に太平洋戦争をした者達も被告席に着くべきではないのか、ということである。そうでなければ、不公平で偏った責任追求になってしまう。裁判である以上、公平性が保たれなければならないということである。このような所にも、戦争責任追求の難しさがあると思うのである。

太平洋戦争に至る過程を歴史的に見ると、いつしか米欧に対する戦争不可避であるとの流れが国家・国民の中にできあがってしまい、それを勇気を持って止める者が居なかった、と感じるのであるが、そのような流れの中で戦争を開始させた者を特定することは困難ではないか、というのが筆者の率直な見解であることも付け加えておく。

以下、私の「平和に対する罪」の中の戦争開始の罪の規定案を示すので、それによって読者は各自で考えてみて頂きたい。それにより戦争開始者と、その責任について考えを深めることができるかも知れないし、それは地位権限に直結させて戦争責任を考えるといった思考停止を回避することにも繋がると考える。

（試案）平和に対する罪

（戦争を開始する罪）

第一条一　国に戦争を開始させる目的で、戦争開始を自ら決定し、または自己の立場を利用して、開戦決定の権限を有する者もしくは、決定機関に積極的に働きかけて開戦をさせた者

第一条二　前項の者に協力した者

開戦させる目的を要件としたのは、単なる開戦論者に止まるものは、言論の自由として許される場合があるからである。

第二条以下

更に開戦のため、作戦計画をした者、具体的な開戦準備行動をした者等々についても、規定することになる。

免責規定として「ただし、上司の命令に抵抗することが不能であったと認められる者は除く」としなければならないであろう。つまり、命令に対する抵抗権を想定して、その抵抗権を行使しなかった所に行為の違法性が認められるべきだからである。

第2節 「人道に対する罪」

人道に対する罪として、具体的にどのような犯罪を規定すべきであろうか。以下、不完全ではあるが、検討を試みる。読者の想像力を深化させる一助としたいためである。

①大量殺人の罪

「軍隊組織の一員として、一時に一〇〇人以上、または同程度の数の非戦斗員を殺害した者は、〇〇に処す」。

戦争犯罪であるからには軍隊組織の活動の中での犯行でなければならない。純粋な個人行動は対象外である。また、多数ということでは抽象的になり過ぎるので、一〇〇人といった数を揚げたが、その立証は困難を伴うであろうから、目安であることを示す「または、同程度の数」を証明できればよいと緩和してある。これにより、一〇〇名の名前などを特定することは必要でなくなる。一〇〇人以上の処刑であれば、態様や理由はどうであれ、無条件に人道違反と言えるかと思うのである。

②残虐な処刑を行った罪

「軍隊組織の一員として、人種、宗教、思想、信条を理由に拘束された多数の者を、通常死刑執行に用いられるより残虐な手段を用いて、殺害した者は〇〇に処す」これは、数は少なくとも基本的人権のうち主要部分である思想信条・信教の自由といったものを侵害することを罰するもので、数量の目安は敢えて示していない。裁量の余地を残すためである。

③核兵器使用の罪

「軍隊組織の一員として、核兵器を使用することを命令し、または実行した者は〇〇に処す」核兵器そのものが非人道的兵器であることからして、この規定に説明は不要であろう。

④生物化学兵器使用の罪

「軍隊組織の一員として、生物化学兵器（毒ガスを含む）を用いて、非戦斗員を死傷させた者は○○に処す」今後、更にクラスター爆弾や無人兵器が開発製造されるであろうから、それらに対応する規定も不断に検討されねばならない。

⑤女性の自由に対する罪

最後に、女性に対する犯罪を取り上げる。

戦争では多数の女性が被害者になる。それを独立して女性に対する罪として　項目立てするか、または「人道に対する罪」という位置付けが適切かは議論の余地がある所であろう。「女性」という性は、人種などの差別が人道に反するというのと同様の理由で性差別が人道に反する、とも言えるからである。

林博史氏の前掲著144頁以下に基づき、以下述べる。

同書は、女性を被害者とする戦争犯罪は、強姦を基本的な視点に捉えたものであったと述べる。そして、その犯罪は「ハーグ陸戦規則第四十六条の『家の名誉』を侵害する行為にとどまり、女性の人権を侵害する国際犯罪という認識に乏しかった」とも述べている。家の名誉を守るのは家長たる男が殆どであろうから、それは男を被害者とみなし強姦の被害者である女性の人権は、犯されたにしても大したことではない、として切り捨てる態度なり価値観である。同氏が言うように、女性の被害を裁く裁判官も訴追する検察官も適用する法を作る者も全て男であって、そこには男社会の論理がまかり通っているからである。女性に対する犯罪は、戦犯裁判では殆ど裁かれないか、裁かれたとしても多くの無罪判決がなされていて、不十分極まりないものであった、とのことである。

そのような女性の人権軽視は許されないものであることは勿論であり、一九九八年に採択された国際刑事裁判規則において「強姦、性奴隷、強制売春、強制妊娠、強制避妊措置、または同等の重大さを持つ、他の形態の性暴力」が戦争犯罪と人道に対する罪の両方の類型に加えられた」と報告されている。

注目しなければならないのは戦争犯罪の中における女性に対する犯罪が、強姦という突発事件ではなく、軍による組織的になされた性奴隷制（慰安婦への連行、強制）となったことと、それに伴い、女性の人権への侵害と認識されるようになったことである。

その実態や全貌を知ることは困難であるが、同書が掲げる次の如き事例は参考になるであろう。

その一は、「スマラン事件」である。一九四四年ジャワ島スマランにおいて抑留所に収容されていたオランダ人女性ら約三十五人を選別して、強制的に慰安婦にした事件。

その二は、「グアムの事件」である。日本軍のグアム民政部長に、十七歳の少女が愛人として連れて来られたが、この少女が拒否すれば家族が殺されるぞと脅されていた、という事件。その裁判で起訴されたのは「意思に反して、かつ同意なしに売春目的で不法に連行した」というものであったという。

気になるのは連行したのが「売春目的」とされている点である。売春の対価が支払われたのかどうかということよりも、むしろ性奴隷にする目的とするのが相当であったかも知れないからである。

古来、戦争に敗れた側は財宝を掠奪され、男は奴隷、女は強姦という目に遭うものという認識がある。そのような根底に横たわる意識からすると、戦争で女性の貞操を守ることは難しいのだ。強姦などの被害には目をつぶる外ないという先入観が拭えないのかも知れない。然し、そのような先入観は、払い落とさねばならないと主張するのも本書の目的の一つである。

そして、慰安婦に関する規定を置くとするなら、次のようなものになろうか。

「不特定多数の兵士の性交の相手をさせる目的で婦女子の身体を拘束したものは○○に処す」

立証の軽減を考えると、拘束の結果目的を達したか否かは問わないことにする趣旨である。

第5章　新しい兵器について

1、兵器は近年著しいスピードで、しかも我々一般人には知りえない世界で進化しているようである。

二〇一九年版防衛白書によれば、防衛力の強化として次の三項目が挙げられている。（1）宇宙領域における能力（2）サイバー領域における能力（3）電磁波領域における能力、がそれである。これによると、専守防衛を旨とする自衛隊も宇宙やサイバー攻撃、電磁波領域での攻撃に対する対処・防衛が必要とされるに至っている、ということ。そのような領域における戦斗や兵器が現れているということがわかるのであるが、それは戦争の態様が一変しているということ、近年の戦争は兵士が地上で殺し合うという基本型でなくなってきたことを示しているのである。

問題は、そのような型の戦争に用いられる中に非人道的兵器として禁止すべきものはないか、ということである。白書は更に進んで、軍や軍備の中に無人化、省力化が進んでいるとして、人工知能（ＡＩ）の導入、無人航空機（ＵＡＶ）、無人水中航走体（ＵＵＶ）などの研究開発を積極的に推進するとしている。

２、ここで無人兵器の問題を取り上げてみたい。

無人兵器の開発は各国も積極的に進めているようである。無人兵器のメリットは省力化である。兵器による攻撃には人間の判断が必要だと、これまで信じられてきた。戦況を正しく把握し適切な兵器を効果的に使用して戦果を上げる。そのためには人間の判断・決断が必要と考えられてきた。

然し、優秀な情報処理能力と計算能力を駆使する新兵器の開発がその常識を覆しつつある。戦況判断や攻撃の決断を人間に任せていたら、無人兵器のより速い判断に敗けてしまうのである。

このようにして、より速い判断とそれに基づく攻撃の決断を求めて無人兵器は進化してゆく。また兵士の数を減らす経済効果も無視できない。このようにして無人兵器はその先の自律的無人兵器（兵器が攻撃目線を見出して即攻撃する能力を保有する）へと進化し、人間のコントロールから離れてゆく。

このように進化する兵器が人間の関与を排除し、自律性を獲得することを、法律的観点からどのような問題点を指摘すべきであろうか。

最も問題なのは、加害者、即ち損害を発生させた者、違法な攻撃により被害を与えた者、つまり結果に対し責任を負うべき者、民事・刑事の責任を負うべき者が決定しえなくなる虞れである。

無人運転の自動車が事故を発生させたとする。それは事故なのか自動車を製造した者の製造責任なのか、といった問題に共通点がある。

自律性を備えた無人兵器はプログラムに従って判断し攻撃するので、発射された後は、発射し操縦した人間にもその行動の予測も制止も困難なことが起きるのである。現在の法理論では違法行為の予測も制止も不可能な立場にある者に対して、生じた結果に対する民事責任、刑事責任を問うことはできないのが原則である。

このような無人兵器の引き起こした結果について刑事責任を問うのには、「人道に対する罪」が相応しいと考える。このことは、後記『無人の兵団 ―ＡＩ、ロボット、自律型兵器と未来の戦争』の書物の末尾解説で拓殖大の佐藤丙午教授が述べておられる。

自律無人兵器は国際人道法（ＩＨＬ）の根本原則である「民間人をターゲットにしてはな

らない」とのルールが守られない可能性が大であるとして使用すべきでないと主張する説もある。その説では「自律兵器は戦斗員と民間人を区別することや戦斗能力を失ったり降伏しようとしたりする者を見分けることができない」といったことを理由として挙げ、そのようなターゲットを攻撃するのは人道に反するとしているのである。この説によれば、自律型無人兵器は使用そのものが人道に反するものとして禁止すべきこととなる。

この兵器を排斥すべき理由として人道という価値基準が登場することに注目したい。全ての価値が否定される非人道的行為である戦争の中において人道の名で最後まで守られるべき人道とは何であろうか。

なお、無人兵器の問題は、ポール・シャーレ著、伏見 威蕃訳『無人の兵団―ＡＩ、ロボット、自律型兵器と未来の戦争』（早川書房）に詳しく述べられているので、是非一読されたい。

そしてこのような兵器の保有や、使用した者に対する罰則が準備されるべきである。ただし、保有の罰則があれば開発はされないであろうから、開発や製造まで罰する必要はないかも知れない。

第6章　国際刑事裁判所

1、戦争観の変遷と国際刑事裁判所設立に至る動き

①第一次大戦まで

十八世紀に入って国際社会における戦争観は、古くはアウグスティヌス、十七世紀にグロチウスが唱えた正戦論が姿を消し始め、代わって戦争の正当性を希求するよりも法実証主義に基づく国家行為の合法性を探る無差別戦争観が登場する。近代国家を規律する国際法の下では、主権者の行う戦争の正・不正を判定する第三者的機関が存在しないことから、主権者の行う全ての戦争を国際法上合法と承認せざるをえない。然し、無差別戦争観も全ての戦争をその原因のいかんにかかわらず積極的に肯定する趣旨のものではなかった。

無差別戦争観は、第一次大戦を契機として戦争違法観、国際連盟体制に改められる。

一九一九年六月に締結されたベルサイユ条約において、連合国はドイツ皇帝カイザーの訴追条項を規定したところ、これこそそれ以前の無差別戦争観と主権者無答責の観念から脱却し、戦争違法観と不正な戦争を開始・遂行した責任を個人に対して追求するという個人処罰観を結合させた点において、国際法上革新的なものであった。カイザー特別裁判所の設置を規定する同条約二百二十七条に基づき同盟国と連合国が審理のためオランダ政府にカイザーの身柄の引渡しを要求したが、第一次大戦の間中立を維持したオランダは、ベルサイユ講和条約の当事国でないことを理由に同条に拘束されないとしてこれを拒否し、引渡しは行われなかった。

②ベルサイユ条約とパリ不戦条約

ベルサイユ条約第一篇は国際連盟規約であるところ、同規約十四条は「連盟理事会は常設国際司法裁判所設置案を作成し、之を連盟国の採択に付すべきこと」とし、これに応えて、国際連盟法律家委員会は常設国際司法裁判所規程案を作成した。添付した要望決議の中には、国際公序犯罪または普遍的国際法に対する犯罪を裁く高等国際裁判所設置案が含まれていた。然し、一九二〇年十二月、連盟総会分科会はこの要望決議に対し、常設国際司法裁判所と並べて刑事裁判所を設置しても役立たないし、刑事事件は国際慣例どおり、通常の国内裁判所にゆだねることが最善であり、この問題の検討は時期尚早であるとした。

一九二八年に締結され発効したパリ不戦条約により、国際紛争解決の手段として、戦争、武力の行使、武力による威嚇に訴えることは、もはや違法となった。侵略戦争の違法性がここに結実した。然し、これを犯罪として定めてはいない。

③ニュールンベルグ及び極東国際軍事裁判所

第二次大戦後、連合国は戦時国際法が支配する講和締結以前の時期を選んで、戦争犯罪人に対する裁判を準備して実行した。欧州枢軸諸国に対する戦争に勝利した連合国は、ニュールンベルグ国際軍事裁判所を設立し、ナチスドイツの罪業を裁くための新たな国際法犯罪として「平和に対する罪」（93頁参照）、「人道に対する罪」（94頁参照）という戦争犯罪観念を創設した。裁判所の事項的管轄権として、「平和に対する罪」、「戦時犯罪」、「人道に対する罪」の三つが挙げられた。「平和に対する罪」は、まず戦争開始責任を問うものであり、従来認められていた国家行為の免責を否定して、国家の刑事責任を国家機関たる指導者個人の刑事責任を追求することによって明確にしようとする新たな試みであった。

なお、ニュールンベルグ裁判の時点では、ドイツ政府は消滅し、ドイツ国家は全面的崩壊状態にあり、国家主権が空白状況の中で最初の国際刑事裁判所が設立されたことになる。一方、極東国際軍事裁判所条例は日本政府の合意したポツダム宣言並びに降伏文書に従った連合国最高司令官の行政命令に設立の法的根拠を持っていた。

ニュールンベルグ判決では侵略戦争を挑発されざる先制攻撃と解釈するので、ドイツの英仏に対する行動を侵略戦争とは認定していない。これは英仏がドイツに先立ってドイツに宣戦を布告していたからである。これに対し、東京裁判の判決では、オランダが日本に先立って日本に宣戦布告していたにもかかわらず、オランダに対する日本の行動も侵略戦争と認定されている。

④第二次大戦後の動き

一九四六年十二月、国連総会はニュールンベルグ諸原則の定式化作業と、ジェノサイド条約の草案作成のための研究要請を行った。これを受けて一九四八年十二月、国連総会はジェノサイド条約を採択し、一九五一年に同条約が発効した。

国際刑事管轄権の問題は国際連合の発足と同時に検討され始めたが、米ソ間の冷戦が表面化した後、四十年間が無為に経過することになる。国連総会が国際法委員会に対して国際刑事裁判所（以下、「ＩＣＣ」と言う。）規程案の作成を要請したのは冷戦終結後の一九九三年のことであった。冷戦終結後に発生した主要な民族間ないし部族間紛争として旧ユーゴスラビア及びルワンダで大規模な国際人道法の重大違反が行われた。国連の安全保障理事会は「平和に対する脅威」と認定した事態に緊急に対処し、犯罪を将来に亘り抑止するために、国連憲章第七章に基づく強制措置として一九九三年に旧ユーゴスラビア国際刑事裁判所（ＩＣＴＹ）、一九九四年にルワンダ国際刑事裁判所（ＩＣＴＲ）がそれぞれ設置された。

⑤旧ユーゴスラビア国際刑事裁判所（ＩＣＴＹ）

ユーゴスラビア社会主義連邦共和国の分裂の過程で発生した国際人道法の重大違反は民族浄化政策に象徴される大規模かつ組織的な異民族追放であり、非戦闘員である一般住民の集団を強制収容し、強姦し、強制退去させる複合的犯罪という特徴を持つ。設立から十年余を経た時点でも、大物被告人らの逮捕未遂、国連財政のひっ迫、裁判遅延、捜査における証拠等の風化散逸などの問題が生じていたのであり、二〇一〇年までに任務を終了させることを予定したものの、ようやく二〇一七年十二月二十一日に閉廷式典が行われるに至った。

事項管轄は、①ジュネーブ条約（一九四九年）の重大な違反となる行為、②戦闘の法規慣例の侵犯行為、③集団殺害行為、④人道に対する犯罪行為とされた。人道に対する犯罪行為とは、「国際的たるか非国際的たるかを問わず、武力紛争において、非戦闘員たる住民集団に対して行われる殺害、殲滅、奴隷化、追放、拘禁、拷問、強姦、政治・人種・宗教にかこつけた迫害」とされた。これらの適用法規は、一九九一年一月現在で全て国際慣習法として確立していることから、新規国際法規の遡及適用にはあたらないものとしている。

対人管轄は、自然人に限られ、個人の刑事責任を問うものである。国家元首、行政府の長、政府高官と言えども、国家行為を理由に刑事責任を免れたり、刑罰の減免を受けたりはしない。「共犯集団の企て」の概念を導入したことにより、上官は部下の犯罪行為を黙認・看過した場合、自らも刑事責任を免れないし、犯罪行為の実行者たちも、上官の命令を理由に刑事責任を免れることはできないこととされた。ちなみにユーゴスラビア社会主義連邦共和国兼セルビア共和国元大統領ミロセビッチも、クロアチア、ボスニア・ヘルツェゴビナ及びコソボにおいて行われた犯行の「共犯集団の企て」の統率者として起訴された（二〇〇六年三月ICTY拘置所で病気により死亡）。

ICTY規程は、第二次大戦後確立しつつある戦時犯罪の処罰に関する普遍主義の慣行を尊重し、右の犯罪行為に対する諸国の国内裁判所の管轄を認めながら、ICTYが共に管轄権を分かち合うと規定し、同時に、ICTYの国内裁判所に対する優越を認め、ICTYは国内裁判所に対して訴訟のいかなる段階であっても、管轄権の委譲を正式に求めることができるものとしている。旧ユーゴ諸国の非協力によって直面した被告人の逮捕の困難を救ったのは、この管轄権委譲の制度であった。一事不再理の原則は尊重されるが、国内裁判所の裁判が公正を欠く場合に限り、ICTYが同一の犯罪事実につき再度訴追することを認めている。

⑥ルワンダ国際刑事裁判所（ICTR）

冷戦終結後に頻発した民族紛争の中で最大の集団殺害が一九九四年四月から七月にかけてアフリカ中央部のルワンダ共和国で発生した。ここでは旧ユーゴの民族紛争とは異なり、言語も宗教も習俗も同じツチ族とフツ族とが大規模かつ組織的な集団殺害に巻き込まれた。人口七〇〇万人のルワンダでツチ族一般住民八〇万人ないし一〇〇万人が特定集団殺害の明確な意図の下にフツ族政府軍、民兵、一般住民によって虐殺された。国連は当初事態を静観していたが、一九九四年七月、ルワンダ愛国戦線（ＲＰＦ）が内戦を終結し、民族統一政権が樹立されたことを見届けてから、安保理は専門委員会による事態の本格的調査に乗り出した。ルワンダの集団殺害は、たとえ一国の内戦で発生したとしても、国際社会固有の法益を侵害する国際犯罪であり、国際法に基づいて侵犯者個人の刑事責任を問う必要があった。集団殺害の防止及び処罰は諸国家が国際社会全体に対して負う普遍的義務であり、今やその防止条約は強行規範とされる。

調査の結果、集団殺害罪については、旧政府軍側にのみ明白な意図と周到な準備が証拠付けられたのに対し、ＲＰＦ（ツチ族）側がフツ族集団の破滅を意図して集団殺害を行った証拠は見出せなかった。その上で、ＩＣＴＲがＩＣＴＹから分離して設立されることとなった。その法的地位は国連憲章第七章に基づく強制措置としての特設司法機関であり、強制措置の性質からＩＣＴＲの管轄権はルワンダの合意なしにルワンダ固有の属地的及び属人的管轄権に属する国際犯罪事案に介入することが認められた。

ルワンダ新政府はツチ族主導の連立政権であって、大規模な集団殺害の計画、指導、煽動に責任を負うべき公権力ではなく、内戦に勝利して政権に復帰した被害者側ツチ族の公権力である。新政権はこの内戦で発生した集団殺害が人類社会の一般的法益を侵害する犯罪であるがゆえに、「勝者の裁き」に代わる国際刑事裁判が望ましく、また、伝統的な国家行為免責の習律を改めて、部族間融和のために法の支配を教育するためにも、国連による裁きが適当であろうと考えた。

ＩＣＴＲ規程は、ＩＣＴＲと国内裁判所とが一九九四年ルワンダで行われた国際人道法の重大違反に責任があるルワンダ国民を訴追する管轄権を競合して持つと規定する。この競合の性質としてＩＣＴＲ国内裁判所に優越することが明記されている。ルワンダ内戦における破壊と集団殺害により、法曹界におけるツチ族出身の人材がほとんど殺害され、ルワンダ司法組織が崩壊した状態下で、国内裁判所に個人の国際刑事責任を裁く体制の欠落を想定したためでもある。

ルワンダ新政府は一九九六年八月、統治基本法を制定して施行した後、国内裁判所の専門法廷が迅速に訴追を進め、多くの被告人が死刑の宣告を受けているところ、一方のＩＣＴＲ規程は死刑を禁止しており、両者の判決間の一事不再理（いったんＩＣＴＲに訴追を受けた以上、同一事案について国内裁判所に訴追されることはない）が公平な裁判として受け入れられるかが大きな問題となった。

⑦常設の国際刑事裁判所（ＩＣＣ）

ＩＣＴＹとＩＣＴＲの設立は以前からニュールンベルグ原則の定式化（標準ルール化）や国際刑事管轄権問題に指導的役割を果たしてきた国連総会を刺激して、長らく凍結されていたＩＣＣの設立準備を加速することになる。一九九二年には総会は国際法委員会（ＩＬＣ）にＩＣＣ規程草案の準備に優先的に着手するように要請し、ＩＬＣは一九九四年にＩＣＣ規程最終草案を総会に報告した。これを受けてＩＣＣ設立のためのアド・ホック委員会が設けられて草案審議が行われ、新たにＩＣＣ設立準備委員会が設置されて、外交会議のための最終草案（百二十八条）が策定された。そして一九九八年七月、ローマで開催されたＩＣＣ設立のための外交会議は五週間に亘る連夜の交渉の後、前文及び十三部百二十八条からなるＩＣＣ規程を投票により採択した。ＩＣＣローマ規程は六〇カ国の批准書が寄託された日から六十日経過した最初の月初、即ち二〇〇二年七月一日に発効した。

日本は、二〇〇七年十月、一〇五番目の締約国となった。日本は「国際刑事裁判所に対する協力等に関する法律」（ＩＣＣ協力法）において、ＩＣＣ規程に掲げられたコア犯罪の成立要件に国内法を対応させるための刑罰法規の新規立法・改正を一切行わなかった。ほとんどの犯罪類型が現行の刑法等で処罰されることが確認されたため、新たに必要なＩＣＣの運営を害する罪のみを新設した。

２、ＩＣＣ設立の意義

ＩＣＣローマ規程は条約によって常設の国際刑事裁判所を設立している。条約による設立の場合は、多数の国が加盟しやすくして、普遍性を獲得する必要がある。そのため、ＩＣＣローマ規程は加盟国の国内裁判所の刑事管轄権の尊重とＩＣＣの管轄権の補完性を謳うと共に、事項的管轄権を四つのコア犯罪に限定してＩＣＣの自動的管轄の下に置いている。犯罪は国際社会では、国際法において犯罪であると観念されているような一定の残虐な行為がなされても、それで即座に国際社会が介入できる訳ではない。犯罪はそれが行われた国または加害者の国籍国で処罰されるのを原則とするから、第一に、ＩＣＣの管轄権は補完性原則を特質としており、各国に配分された国際刑事裁判権がＩＣＣ規程の定める公正な裁判を行う意思と能力を欠くと判断した場合に初めてＩＣＣがその事案を管轄することとなるのである。

ＩＣＣの設立は、コア犯罪（集団殺害罪、人道に対する罪、戦時犯罪及び侵略罪）を行った個人に対し、国際裁判機関が直接に国際法上の責任を追求する国際社会の新体制が開かれたことを意味する。個人は国内法上の権利・義務を理由として、当該国際法上の義務から免れることはできず、また、国家機関として合法的に行動したという抗弁は排斥される。主権者無答責・国家行為免責の観念を真っ向から否定する。こうした原則は、ニュールンベルグ・東京裁判において既に表明されていた。

また、これまでの特設国際裁判所が戦勝国または国連による刑事裁判であったのに対し、ＩＣＣの組織は常設性と普遍性を持つ。これまでも、戦争犯罪や「人道に対する罪」などを裁く裁判所が、その時々において、その戦争や紛争が終わった後に設置されたことはあった。然し、ＩＣＣは常設で、これから行われるかも知れない戦争や紛争の前から存在していることとなる。

更に、戦勝国側が犯した国際犯罪をも告訴できる体制を用意したことは画期的と言えよう。例えば、米国の広島に対する原子爆弾の投下や英国及び米国のドレスデン大空襲も、仮に、ＩＣＣ発効後に同種のものが発生したならば、告訴の対象となりうるのである。もっとも、米国、中国、ロシア、インドといった重要な諸国が締約国に加わっていないことは、ＩＣＣの国際刑事法に基づく国際公権力機構としての土台の脆弱性を示している。米国の反対理由は、①合意規範であるＩＣＣ規程による管轄権が被締約国に及ぶ制度は受け入れ難い、②被締約国が自国の国家行為と認める行為から生ずる犯罪行為はＩＣＣの管轄権を免れるという米国提案が否決された、③安全保障理事会の先決とかかわりなく、侵略罪がＩＣＣ管轄権に取り込まれる懸念が払拭されないというものである。

3、ＩＣＣローマ規程の具体的内容

①管轄権の構造

(1)事項的管轄

事項的管轄とはＩＣＣが訴追、処罰すべき犯罪をいう。ＩＣＣの管轄権は、「国際社会全体の関心事である最も重大な犯罪」に限定される所（第五条一項）、ここでいわゆる「最も重大な犯罪」は、コア犯罪と呼ばれており、①集団殺害（ジェノサイド）罪、②人道に対する罪、③戦時犯罪及び④侵略罪がこれにあたる。ただし、侵略罪については発効から七年後に行われる規程改正手続によって、その定義と管轄権行使のための条件が新たに規定されるまではＩＣＣは審理を行わないものとされた。二〇一〇年五月から六月、ウガンダのカンパラで開催されたＩＣＣ規程検討会議は、侵略罪にかかわる改正案を審議し、妥協に次ぐ妥協を重ね、最終日に改正案をコンセンサスで採択した。ただ侵略行為の定義については依然として問題が生ずる可能性がある。侵略の定義の中核的基準は、「その性質、重大性及び規模により国際連合憲章の明白な違反を構成する」かどうかである。ここで「明白な」という文言は客観的基準であるとされるが、将来生ずるあらゆる武力行使の事例において、そのような直截な法的判断が可能であるという保証はないであろう。

集団殺害罪は規程第六条に定められており、ジェノサイド条約第二条の定義付けをそのまま採用している一方、集団殺害罪の共同謀議、教唆、扇動、未遂、幇助という付随犯罪の処罰は規程の刑法総則規定（第二十二条〜第三十三条）と重複するという理由で削除された。「人道に対する罪」とは文民たる一般住民に向けられた広汎または組織的な攻撃の一部として、攻撃であることを知りつつ行われる非人道的行為であり、第七条一項に列挙されたもの（殺人、絶滅させる行為、奴隷化、住民の追放または強制移送、拘禁、拷問、強姦、政治的・人種的・国民的・民族的・文化的または宗教的な理由に基づく迫害、人の強制失踪、アパルトヘイト犯罪など）をいう。「人道に対する罪」は、今回初めて一般条約そのものの上で国際犯罪として規定された。

戦時犯罪は規程第八条二項にジュネーブ諸条約の重大な違反などが列挙されているが、更に第八条一項において、戦時犯罪のうち「特に計画もしくは政策の一部として、または大規模に実行された場合」をＩＣＣが管轄するものと規定している。

(2) 人的管轄

人的管轄としては、国際的関心が集まる最も深刻な犯罪を行った自然人を訴追と処罰の対象とする（第一条、第二十五条一項）。更に、武力紛争の集団犯罪性に着目して、「犯罪集団」(Joint Criminal Enterprise. 以下、ＪＣＥという）に参加して当該集団の故意を共有し、または促進した者に対してまで、個人として直接刑事責任を問うことを明確に定めている（第二十五条三項）。ＪＣＥには、①実行犯とその他のメンバーが実際に犯された犯罪について合意している場合、②強制収容所タイプの場合、③実行犯によって実際に犯された犯罪が合意を超えるけれども予想可能な場合の三つのタイプがある。

個人の直接責任は、部下による行為について上官が責任を負うコマンド責任と対比される。コマンド責任とは、具体的状況を前提として部下の犯罪を事前に予防しまたは事後的に部下を処罰できたのに、上官が権限内の禁圧行為を十分にとらなかった場合、上官に課される刑事責任である。ニュールンベルグ裁判や東京裁判で上官の不作為が問題とされ刑事責任が追求された。国際慣習法として確立しているコマンド責任は、組織の大勢に抗してもあるべき姿を追求することを上官に求めている。

ＩＣＣ規程第二十八条は、軍の司令官及び事実上軍の司令官として行動する者（以下、単に軍人という）とそれ以外の上官（民間人である政治家など）とを分け、民間人については、「部下が犯罪を行っているまたは行おうとしていることを知っていたとき、あるいはそのような事実を明らかに示唆する情報を意図的に無視したとき」にだけコマンド責任を負うとしている。

次に、元首や政府高官が職務行為として戦争犯罪などの重大な罪を犯したとき、彼らが要職を占めていた政権が、彼らを訴追することは考えられない。それなら、国際的な裁判所や外国の裁判所が、彼らを訴追して刑事責任を追求できるかが問題となる。ＩＣＣ規程第二十七条は、「元首、政府の長または政府高官などの公的地位は刑事責任を免れさせず、また責任を軽減しない」旨を定めている。

更に、上官の違法な命令に従って行動した部下に犯罪の責任を問えるかが問題となるところ、ここでは上官の命令は部下によって執行されなければならないという組織の規律上の要請と何人も普遍的な正義の命ずるところによって行動しなければならないという要請との調和点をどこに見出すべきかが問われる。

「上官命令の抗弁」について、ＩＣＣ規程第三十三条一項は、「政府の命令または軍人と文民とを問わず上官の命令に従って、人がＩＣＣの管轄に属する犯罪を犯したという事実は、…当該人の刑事責任を免責しない」とし、ただし、①当該人が政府または上官の命令に従うべき法的義務を負っているとき、②当該人が命令が違法であることを知らなかったとき、かつ、③命令が明らかに違法でないときは、部下は刑事責任を免れるとする。このように免責が広く認められたのは、「上官の命令を疑ってかかるのは軍規に反する」とする米国の強い懸念が反映したためである。この三条件のうちの「明らかな違法」について、規程第三十三条二項は、集団殺害罪、または「人道に対する罪」を犯すべき命令は、明らかに違法であるとしている。

⑶時間的管轄・場所的管轄

時間的管轄として、ＩＣＣはその規程が発効した後、即ち二〇〇二年七月以降に発生した犯罪についてのみ管轄権を持つ（第十一条一項）。

場所的管轄として前述したとおり、国際犯罪についても、加盟国の国内裁判所の刑事管轄権を尊重し、犯罪はそれが行われた国または加害者の国籍国で処罰されるのを原則とするという補完性原則があるから、各国に配分された国際刑事裁判権がＩＣＣ規程の定める公正な裁判を行う意思と能力を欠くと判断した場合に初めてＩＣＣがその事案を管轄する。即ち、行為地国に訴追の意思と能力がある場合は、行為地国の国内裁判所において行い、意思があっても能力がない場合は混合法廷方式が積極的に推進されるべきであろう。

ここで、混合法廷とは、行為地国の同意の下、国連をはじめとする国際的な関与によって一般的に行為地国の国内に設置される特別法廷であり、一般的に国際判事と国内判事及び国際職員と国内職員が共に裁判にあたる。行為地国に訴追の意思がない場合には、概して域外国の国内裁判所とＩＣＣの連携によるしかないかも知れない。最も重要なことは行為地国がその意思を持つことであろう。

対象犯罪が四つのコア犯罪（１６０頁参照）に限定されたことも手伝って、ＩＣＣには自動的管轄権が認められる。即ち、各国は規程の締約国になる時点で、コア犯罪に対するＩＣＣの管轄権に何らの留保も付けずに、ＩＣＣの管轄権を受諾したものとみなされる。

(4)管轄権発動のメカニズム

管轄権を発動させるメカニズムには、①締約国の告訴（必ずしも関係当事国の告訴でなくてもよい）、②国連憲章第七章の下で行動中の安全保障理事会による付託、③検察官による職権捜査の三つがある（第十三条）。ただし、検察官の職権捜査については権限濫用を防止するために予審部の審査を必要とする（第十五条）。

ＩＣＣが管轄権を行使する前提条件を定めた規程第十二条によると、属地的管轄権を持つ関係国（犯罪の実行地）または積極的属人管轄権を持つ関係国（加害者の本国）の何れか一国がＩＣＣ管轄権を受諾していれば、前提条件は満たされる。具体的には、ある締約国がコア犯罪となる事態を検察官に告訴した場合に、犯行発生地が締約国になっていれば、被告人の本国が被締約国であったり、またはＩＣＣ管轄に同意を与えていない場合であったりしても、ＩＣＣはその犯罪を裁くことができるのである。もし、被告人の本国がＩＣＣ規程の締約国であるときは、補完性原則に基づいて、規程第十八条及び第十九条により、当該事件は自国で捜査中であると通知してＩＣＣの管轄権を回避する余地が残されている。

ＩＣＣの管轄権は国家に対して行使されるのではなく、最も重要な国際犯罪を犯した個人たる被告人に対して行使される。一般に、個人に対して条約が義務を負わせる場合に、事前または事後にその者の同意を得る必要はない。専ら自国民に代わって条約の内容を特定する本国の意思による。米国は「条約は第三国を拘束せず」の法理に固執するが、条約はいったん慣習法化された後には国際社会の全ての国を拘束することになるのである。ちなみに、ＩＣＣ規程の事項管轄であるコア犯罪は何れも慣習法化された国際人道法や国際刑事法によるものなのである。

②刑事手続

一つの特徴として、日本の現在の制度とは異なり、予審が存在しこれに重要な役割が与えられている。手続は二審制であり、陪審員や参審員のような市民参加の制度はない。ＩＣＣはオランダのハーグに設置される。また、ＩＣＣの刑事手続は欧州大陸法型の職権主義と、英米法型の当事者主義との中間に位置する独自の方式によるものとされる。公開審理の原則がとられ、判決は裁判官が全員一致となるよう努めなければならない。

ＩＣＣには死刑がなく、終身刑が最高刑である。これに対しては、主としてアラブ諸国から最も重大な犯罪を対象とするのに死刑を科さないことに反対があったことなどから、死刑については補完性の原則に基づき各国が国内裁判所で管轄犯罪に対する裁判を行う場合には、各国の国内法に定める刑罰の適用は妨げられないこととされている。

③ＩＣＣに対する諸国の協力

ＩＣＣ規程第九部は締約国がＩＣＣからの被疑者の逮捕・引渡請求、その他の援助請求を受けた場合にどのような協力義務を負うかについて定めている。ＩＣＣが国際犯罪を犯して責任を有する個人の刑事訴追を実効的かつ公正に行うことができるかどうかは、規程第九部の協力義務の実施を通じて必要な各国の協力を得ることができるか否かにかかっている。

ここでの協力義務の特徴として、ＩＣＣはＩＣＣローマ規程という条約に基づいて設立されているため、ＩＣＣに対する協力義務は、ＩＣＣ規程の締約国のみを拘束し、また、被請求国が負っている他の条約及び国際慣習法上の義務に対して必ずしも優先するわけではない。また、ＩＣＣ規程は、協力義務の実施にあたっては、被請求国の国内法によって制約を受けたり、国内法の要件等との調整を行ったりする余地を認めている。

次に、ＩＣＣ規程が定める被疑者の逮捕・引渡義務の重要な特徴として、被疑者のＩＣＣへの引渡しと国家間の犯罪人引渡しとを区別し（第一〇二条）、規程上の定めがない限り、国家間の犯罪人引渡制度の下で援用されうる引渡拒否事由を排除している。即ち、被請求国は、自国民不引渡しの原則、政治犯不引渡しの原則、双方可罰性の原則などに基づいて被疑者のＩＣＣへの引渡しを拒否することはできない。従って、締約国は、これらの原則がＩＣＣへの引渡手続に適用されないよう国内法を整備する義務を負う（第八十八条）。

被疑者の逮捕・引渡し以外に関しても、締約国は、規程第九部の規定及び国内法の手続に従い、捜査及び訴追に関連する様々な援助についての裁判所の請求に応ずる義務を負う。具体的には、人の特定及び所在の調査、証拠の取得及び提出、捜査・訴追されている者の尋問、裁判所の文書の送達、証人または専門家の裁判所への出頭の促進、捜索・差押えの実施、被害者・証人の保護及び証拠保全、犯罪収益等の特定・追跡・差押えなどに関する請求である（第九十三条一項）。

ＩＣＣには被請求国に第三国との関係で国際法違反となるような引渡しや援助の請求をすることは認められていない（第九十八条一項）。加えて、被請求国に第三国（派遣国）の国民が派遣されていて、被請求国が派遣国との間でその国民の裁判所への引渡しには派遣国の同意を要するという国際的約束をしている場合にも、引渡しを裁判所に求めることができない（第九十八条二項）。この規定は、全世界一五〇を超える国々に自国の軍隊を派遣駐留させている米国の強い要望により設けられた。そして米国は、この規定をテコとして、軍隊を派遣している国々に、軍隊に限らない全ての米国民の裁判所への引渡しを禁止する相互免除協定の締結を求めるようになった。二〇〇三年時点で、ルーマニア、イスラエルなど六〇カ国がこの二国間協定に署名し、ガーナ、フィリピンなど十二カ国が批准している。これに対し、コロンビアなど三十一カ国が署名を拒否し、更にスイス、ノルウェー、オランダ、カナダなど三十三カ国がこの二国間協定に署名しないことを公式に表明している。これは日米地位協定とも密接にからんでいる。

締約国が裁判所の協力請求に応じず、それにより規程に基づく裁判所の任務及び権限の行使を妨げた場合、裁判所はその旨の認定を行い、締約国会議（締約国による付託案件または検察官の職権捜査案件である場合）または安保理（安保理による付託案件である場合）にこの問題を付託することができる（第八十七条七項）。

ＩＣＣに対する協力制度への阻害原因として、①協力義務と他の条約・国際慣習法上の義務との抵触、②協力義務と国内刑事法秩序との抵触、③協力義務と国家主権に密接にかかわる権利または利益との抵触が挙げられる。この協力制度に本質的な問題は、裁判所の協力請求を受けた国が当該請求に迅速かつ実効的に応ずる意思を有するか否かに依存しているところにある。

④被害者の地位

ＩＣＣにあっては、検察官は捜査と訴追において、被害者・証人の利益及び個人的な事情を尊重し、並びに犯罪（特に性的暴力または児童に対する暴力を伴う犯罪）の性質を考慮することが特に義務付けられている（第五十四条一項（ｂ））。ＩＣＣ書記局の中に設置される被害者・証人室は、検察局と協議の上、証人、出廷する被害者、その他証言がなされることにより危険にさらされる者に対し、保護や安全のための措置、カウンセリング、その他の適切な援助を提供することを任務としている（第四十三条六項）。また、規程は被害者にその個人的利益が影響を受ける場合には、裁判手続の各段階で一定の形態で参加することを認めている（第六十八条三項）。

戦争犯罪の被害に対して、加害兵士の属する国家が賠償責任を負うことは、古くから確立されてきた国際法上の原則と言える。然し、被害者が直接に加害国に対して賠償を求める方法は国際法上確立して来なかった。そのため被害者を代表する国が、その請求権を行使せずまたは平和条約などで請求権を放棄し、あるいは賠償金を被害者に渡さない場合は、被害者が賠償を受けることは困難であった。

これに対し、ＩＣＣ規程は、刑事判決に併せて被害者への賠償を命ずることを認めた（第七十五条）。ＩＣＣが管轄権を有する刑事事件は、国内での刑事裁判を期し難い状況の事件である。そのため、ＩＣＣの手続に、被害者の賠償請求を含めることは、被害者から適正な取扱いが不確実な民事訴訟を国内で再度提起する負担を軽減する重要な意味を有している。一方、ＩＣＣの被害者の賠償に関する規定は、国家責任に関する問題を何ら取り扱っていない。然し、規程は被害者の他の権利を妨げるものではなく（第七十五条六項）、規程の個人の刑事責任に関するいかなる規定も「国際法の下での国家の責任に影響を及ぼすものではない」（第二十七条三項）としていることから、犯罪に関係した国家の責任は依然として否定されていない。

ＩＣＣ規程には、没収や財産の保全に関する詳細な規定がおかれている他、適切な場合には信託基金を通じて支払を命ずることができるなど、被害者の権利を実効的なものとする制度が用意されている。即ち、賠償命令は、有罪判決を受けた者に対して発せられるが、裁判所は適切な場合には信託基金（第七十九条）を通じて賠償の最低額の支払を命ずることができる（第七十五条二項）。

信託基金は、締約国会議の決定により、裁判所の管轄権の範囲内の犯罪による被害者及びその家族のために設置されている（第七十九条一項）。信託基金に組み入れられる財産は、基本的には裁判所の命令により、罰金刑の執行または没収により徴収された金銭その他の財産である（第七十九条二項）。

４、総括

①戦争法学の視点との親和性

ＩＣＣの設立は、コア犯罪（１６０頁参照）を行った個人に対し、国際裁判機関が直接に国際法上の責任を追求する国際社会の新体制が開かれたことを意味する。当該個人は国内法上の権利・義務を理由として、国際法上の義務から免れることはできず、主権者無答責・国家行為免責の観念は真っ向から否定される。ＩＣＣの組織が常設性と普遍性を持ち、戦勝国側が犯した国際犯罪をも告訴できる体制を用意したことは、国家からの視点を重視するこれまでの戦争法理論とは異なり、一般市民・国民の視点を重視する戦争法学の形成・展開への提言を試みようとする本書の考え方とその理念において親和性を有している。

ただ、ＩＣＣの事項的管轄（１６０頁参照）がコア犯罪（集団殺害罪、人道に対する罪、戦時犯罪及び侵略罪）に限られているのに対し、本書は個人の基本的人権を出発点とする普遍的な視点に立ち、戦争違法観を更に具体的に推し進めていると言える。以下、本書で取り上げている若干の問題をＩＣＣ規程との関連で検討してみる。

②兵士に対する国家の人権配慮義務について

例えば、太平洋戦争を歴史的教訓とした上で、衣服や食料を確保し、宿泊、休養、衛生面にも配慮した作戦遂行義務に違反して兵士の人権を侵害した上官は、国際法に違反したと言えるであろうか。こうした問題は、仮に国際犯罪であったとしても、ＩＣＣの事項的管轄からは外れる行為と言える。即ち、「人道に対する罪」は文民たる一般住民に向けられた広汎または組織的な攻撃の一部として、攻撃であることを知りつつ行われる非人道的行為であるから兵士は対象外であり、「戦時犯罪」に該当する余地はあるかも知れないが、「最も重大な犯罪」とまでは言えないからである。なお、ＩＣＣ規程には敵国兵士に対する人権配慮義務というものが国際慣習法の理念として背後に潜んでいると言えるかも知れない。

自国兵士に対する上官の法的責任が生ずるとすれば、まず国内法である刑法の適用が考慮される。従来は、戦争遂行という国家的法益が当然のこととして個人的法益に優先し犯罪として論じられて来なかったわけである。日本国憲法の下では、正当行為・緊急避難として作戦計画を策定・実施した上官の行為が強要、保護責任者遺棄、傷害致死などの犯罪の違法性を阻却するかどうかの問題として捉える余地がある。

太平洋戦争末期の特攻出撃について、仮に上官の命令によるものとみる場合、敢えて現在に置き換えて考察すると、客観的情勢が敗戦を挽回できず、戦争の目的である勝利の達成不能がほぼ確定していたとすれば、戦争の続行は非合理的行動であって社会通念ないし功利主義からすれば、正当行為ないし緊急避難として違法阻却されることは困難かも知れない。もっとも、兵士自身が任意に志願したとみれば命令ではないので犯罪とはなりえない。

③戦時における一般人に対する国家の人権配慮義務

沖縄戦などで見られた「兵士への捕虜となることの禁止」や「一般人への投降の禁止」に対して、現在に置き換えてみれば、戦争時に兵士や民間人に認められた当然の国際法上の権利の行使を、違法・不当に阻止した人権侵害行為として、国内法で犯罪として処罰されることも考えられよう。日本以外の国ではあまり例を見ないことではなかろうか。

④天皇の戦争責任

ＩＣＣはその規程が発効した後に発生した犯罪についてのみ管轄権を持つので、過去の昭和天皇の戦争責任を裁けないのは当然である。天皇の戦争責任の有無については、当時「侵略戦争」は定義が明確でなかった他、太平洋戦争はアジアから欧州列強を追い出すための解放戦争であったという見方も成り立ち、東京裁判の公正性には批判もあるから、結論は簡単には導けないと思う。勿論、東京裁判では昭和天皇に戦争責任がないと認められたわけではないのは事実である。

⑤米国の広島・長崎への原爆投下の責任

ＩＣＣ規程は時間的管轄において遡及しないので、米国の原爆投下の責任をＩＣＣが裁くことはできない。然し、ＩＣＣは戦勝国側が犯した国際犯罪をも告訴できる体制を用意したことは画期的と言える。前述のとおり、米国の広島に対する原子爆弾の投下も、仮に、ＩＣＣ発効後に同種のものが発生したならば、告訴の対象となる。ただ、核兵器の如き大量破壊兵器の使用は、核保有国及び核保有国となることを意図している国が反対しているため、ＩＣＣ規程に目下のところ戦争犯罪として明確には規定されていない。

米国のオバマ元大統領は二〇一六年五月、現職大統領として初めて被爆地広島を訪問し、平和記念公園を訪れ、原爆死没者慰霊碑に献花した。当時オバマ氏は、所感表明において「核兵器なき世界」への決意を強調したものの、原爆投下への謝罪はしなかった。おそらく、謝罪をしてしまえば、今後米国は保有している原子爆弾を使用することができなくなるので、あたり前と言えば、あたり前の行動とも言える。核兵器の使用はそれ自体が絶対的な悪であり、いかなる正当化可能な目的があったとしても、手段としての使用は許されないとも考えられるが、残念ながら未だ国際社会においては、覇権国による力の論理が法の論理を凌駕していると認めざるをえない。一方、二〇一七年に国連で採択された核兵器の開発、保有、使用を禁じる核兵器禁止条約は発効には、五〇カ国または地域の批准が必要であるところ、二〇二〇年十月、発効に必要な五〇カ国の批准に達したため、二〇二一年一月に発効となった。

⑥最後に

世界平和構築に向けての安全保障の仕組みは、必ずしも軍事とイコールではない。国際安全保障は、「経済」「外交」「情報」「メディア」を包括的に網羅した「総合政策」と捉えるべきであろう。ちなみに、日本のように食料とエネルギーを自国内で供給できず、外国からの輸入に依存している国は、核の抑止力に頼る防衛のみならず、食料とエネルギーの安定した供給を確保することが安全保障政策の重要な課題となる。

本書の戦争法学は、こうした国際安全保障の一翼を担う国際法秩序の形成について考察している。今後はＩＣＣの機能の充実と共に、世界平和構築に向けての国際慣習法の着実な発展に期待したい。

あとがき

書き終えてみて、世界に戦争が何故なくならないのかと改めて考える。なくならない原因・理由はただ二つのことに尽きると思う。

一つは大国のエゴである。弱小国を武力により制圧し、より多くの富を自国が優越的に得たいという欲望がなくならないことである。武力で優越的地位を保ちたがり、そのためには実力を誇示し、果ては戦争という手段に訴えたがるのは権力者であり、その結果悲惨な目に遭うのは、弱い国民のみならず戦争当時国の国民や紛争地の一般市民であることは歴史の教える所である。権力者、特に大国の権力者には武力により自国の優越的地位を保とうとする考えを改めさせる必要がある。

具体的な一つの提言としては国連等の世界組織を強化すると同時に、その組織の中での大国の特権を失わせることである。そのことは、なかなか早期に実現しないかも知れないが、進むべき目標として掲げなければならない。

第二は貧困の解消である。貧困のため、やむを得ず兵士になる者が居る世界。これが現実である。生活に不安のない者は、進んで生命を危機に晒す兵士になろうとしない筈である。現在でも、徴兵制のない国で文明先進国での兵士の募集は困難を極めているようである。マルクスも、「資本家は安い労働力を確保するため、常に一定の貧困層を用意する」と説いている。国民に貧困層が居ないとなれば、兵士が確保できず軍隊も組成できないし、そのような世が実現すれば、戦争そのものがなくなるのではないか。そのためには、例えば生きてさえいれば一定の金銭が政府からもらえるというベーシック・インカム制度の実現が待たれるのである。その実現には財源不足が問題とされるが、もし世界に戦争がなくなり、軍事費が不必要となれば、その財源は満たされるのではないかと思うのである。

以上挙げた具体策については、法律学者・社会学者・政治学者・経済学者らが総力を結集して取り組めば、実現可能であると信じたい。

人類は果たして進歩しているのであろうか、という根本的な問いに対し、もし私のような希望を持って平和の実現を目指して取り組む者が多数現れるならば、人類は進歩していると自信を持って断言できると思うのである。

最後に、不完全な内容を補うためにお願いした、須藤純正法政大学教授から「戦争法学各論　第6章　国際刑事裁判所」の玉稿を頂き本書の価値を高めて頂いたこと、自信のない私に、この原稿を出版しましょうと励まして下さり、絶大なご支援・ご協力を頂いたスーパーエディションの齋藤芳弘様と、原稿に隈なく目を通して多大な労力を惜しまず手直し等して、原稿を完全なものにして下さった伊澤砂穂子様に深く感謝致します。

〈参考文献一覧〉

＊戦争法学　総論　第1章～戦争法学　各論　第5章
『国際法Ⅲ（新版）』田岡良一　有斐閣
『国際法』酒井啓亘他　有斐閣
『逆転の大戦争史』オーナ・ハサウェイ、スコット・シャピーロ著　船橋洋一解説　野中香方子訳　文藝春秋社
『独ソ戦 絶滅戦争の惨禍』大木毅　岩波新書
『アジア・太平洋戦争』吉田裕　岩波新書
『日本軍兵士—アジア・太平洋戦争の現実』吉田裕　中公新書
『BC級戦犯裁判』林博史　岩波新書
『戦争論』多木浩二　岩波新書
『東京裁判—勝者の裁き』リチャード・H・マイニア著　安藤仁介訳　福村出版
『東京裁判、戦争責任、戦後責任』大沼保昭　東信堂
『パール判事—東京裁判批判と絶対平和主義』中島岳志　白水社
『パル判事——インド・ナショナリズムと東京裁判』中里成章　岩波新書

『東京裁判 フランス人判事の無罪論』大岡優一郎　文春新書
『非武装国民抵抗の思想』宮田光雄　岩波新書
『憲法第九条』小林直樹　岩波新書
『戦争をなくすための平和学』寺島俊穂　法律文化社
『集団的自衛権と安全保障』豊下楢彦・古関彰一　岩波新書
『わが非暴力の闘い』マハトマ・ガンディー著　森本達雄訳　第三文明者（レグルス文庫）
『ガンディー　平和を紡ぐ人』竹中千春　岩波新書
『マーティン・ルーサー・キング――非暴力の闘士』黒崎真　岩波新書
『戦争の日本近現代史』加藤陽子　講談社現代新書
『比較憲法 新版』辻村みよ子　岩波書店
『比較のなかの改憲論――日本国憲法の位置』辻村みよ子　岩波新書
『無人の兵団―AI、ロボット、自律型兵器と未来の戦争』ポール・シャーレ著　伏見威蕃訳　早川書房
『ルポ 貧困大国アメリカ』堤未果　岩波新書
『防衛白書　2019年版』防衛省

＊戦争法学　各論　第6章

『国際刑事裁判序説（改題第二版）』小長谷和高　尚学社
『国際刑事裁判所の研究』森下忠　成文堂
『国際刑事裁判所―最も重大な国際犯罪を裁く（第二版）』村瀬信也・洪恵子　東信堂
『国際刑事裁判所の理念』安藤泰子　成文堂
『勝者の裁きか、正義の追求か―国際刑事裁判の使命』ウィリアム・A．シャバス（鈴木直訳）岩波書店
『国際刑事裁判所　法と実務』東澤靖　明石書店
『国際人権・刑事法概論』尾崎久仁子　信山社
『戦争犯罪と法』多谷千香子　岩波書店
『戦争と法』長谷部恭男　文藝春秋社
『世界標準の戦争と平和　―初心者のための国際安全保障入門』烏賀陽弘道　扶桑社
『東京裁判、戦争責任、戦後責任』大沼保昭　東信堂

清原雅彦（きよはら　まさひこ）

昭和１３年	大連に生まれる
昭和３５年	京都大学法学部卒業
昭和４２年	弁護士登録（福岡県弁護士会所属）
昭和６２年〜平成元年	日弁連理事、福岡県弁護士会副会長
平成８年	司法制度調査会副委員長
平成７年	九州弁護士会連合会理事長
平成８〜９年	弁護士推薦委員会委員
平成１３〜１６年	高齢者障害者の権利に関する委員会委員長
平成１７〜２３年	福岡県教育委員会委員長
平成１８〜２２年	日本司法支援センター福岡地方事務所北九州支部支部長
	現在　弁護士法人 リベラ代表

北九州交響楽団名誉団長

連絡先　弁護士法人 リベラ
〒802－0004　北九州市小倉北区鍛冶町 1-1-1

須藤純正（すどう　すみまさ）

昭和２６年	東京に生まれる
昭和５１年	東京大学法学部卒業
昭和５３年	検事任官（札幌、釧路、東京の各地検勤務）
平成元年	大阪地検検事
平成４年	法務省法務総合研究所研修第一部教官（民商事と交錯する経済犯罪を研究）
平成７年	東京地検検事
平成８年	福岡地検小倉支部副支部長
平成１１年	検事退官後に弁護士登録
平成１８年	法政大学法学部教授（刑事法）
平成２７〜２９年	在外研究で渡米（テンプル大学ロースクール入学，米国法学修士号(LL.M)取得)。帰国後､法政大学教員・弁護（第一東京弁護士会所属）に復帰して現在に至る

戦争法学事始め

二〇二一年五月三日初版第一刷発行

著　者　清原雅彦
発行者　齋藤芳弘
寄　稿　須藤純正
装　丁　藤倉千裕
表紙絵　パブロ・ピカソ
発行所　スーパーエディション
東京都千代田区神田駿河台一－七－十
電話　〇三－六八二一－五七〇一
印刷・製本　有限会社 丸上印刷